识干家

企業閱讀　學以致用

动销

产品是如何畅销起来的

余晓雷　吴江萍◎著

突破滞销困局的营销白皮书

中华工商联合出版社

图书在版编目（CIP）数据

动销：产品是如何畅销起来的/余晓雷，吴江萍著．—北京：中华工商联合出版社，2014.11

ISBN 978-7-5158-1157-4

Ⅰ．①动… Ⅱ．①余… ②吴… Ⅲ．①产品营销 Ⅳ．①F713.50

中国版本图书馆 CIP 数据核字（2014）第 252991 号

动销：产品是如何畅销起来的

作　　者：余晓雷　吴江萍
责任编辑：于建廷　臧赞杰
责任审读：郭敬梅
封面设计：久品轩设计
责任印制：迈致红
出版发行：中华工商联合出版社有限责任公司
印　　刷：北京宝昌彩色印刷有限公司
版　　次：2015 年 1 月第 1 版
印　　次：2018 年 7 月第 2 次印刷
开　　本：787mm × 1092mm　1/16
字　　数：200 千字
印　　张：16
书　　号：ISBN 978-7-5158-1157-4
定　　价：56.00 元

服务热线：010－58301130
团购热线：010－58302813
地址邮编：北京市西城区西环广场 A 座
19－20 层，100044
http：//www.chgslcbs.cn
E-mail：cicap1202@sina.com（营销中心）
E-mail：gslzbs@sina.com（总编室）

博瑞森图书：企业阅读　本土实践

亲爱的读者朋友：

也许您是博瑞森图书的老读者，也许是新朋友，欢迎您阅读博瑞森图书！

当今中国，各行各业都存在着转型升级的压力与机遇。博瑞森图书与您一同应对转型挑战并发现其带来的机遇。

我们一直在问：什么样的书能为您解决管理难题并带来启发？

我们一直在找：哪些作品能帮助企业从跟随到领先？

我们一直在做：把最好的作品以最便捷的方式呈现给您，纸质版、电子版、书摘邮件、微信……

我们策划图书的原则是：

- 企业阅读——与您一样，做水中的游泳者，而非岸上的观众或教练，企业的困惑就是我们的任务。
- 本土实践——与您一样，立足本土环境，追求卓越实践，传播最适合当下中国企业的管理之道。

我们也向所有的企业管理者、管理咨询专家和企业研究者征稿，让更多被实践检验的好思想、好方法迸发出来，为企业助力！（bookgood@126.com 或 QQ：1963328416 或手机号 13611149991，绝非“自费出书”，不向作者收取任何费用）

如果有一天，您把博瑞森图书视为您优秀的事业伙伴、管理助手，我们也就实现了自己的梦想。

博瑞森图书

产品畅销的秘密

余晓雷

一、抓对 5 个营销原点问题，畅销才有可能

所有的老板，都有一个头疼的问题：最近产品不动销！

老板反复沙盘推演：我这个宝贝产品是举全企业之力精心研发多年的产品，质量一流，价格也很合理；包装是请专业公司设计的，印刷很精美；广告是 4A 公司策划的，代言人请的还是大牌明星；媒介计划也经过专家用大量的图表、数据分析过，已经精确到每花一分钱，有多少收视率了；试销、试用反馈的意见很好，经销商很有信心，销售团队的绩效考核设计也不错。可是，产品摆上货架了，一周、一个月、三个月过去了，要说纹丝不动，倒也不是，但就是没有像流水线一样，流动得很快、很顺畅，一句话：不畅销！

于是，老板去请教营销专家，专家说："找准需求！"可是，北京雾霾够大，清肺的需求够大了吧，那个啥啥清肺饮料也并没有畅销起来啊。反过来，你看看女人那一柜子的衣服，哪件是因为有明确需求而买下来的？

不能说专家找准需求的建议不对，而是要明白，除了需求，消费者

在购买一件东西的时候，头脑中一闪而过了哪些问题？这些问题，在购买决策时的顺序是怎样的？哪个问题最有决定性作用？

多年的营销实践告诉我们，只有找准了这些问题，并且采取真正的营销措施，产品才能畅销起来！这样的问题，我们称之为营销原点问题。

所有的老板，都有一个头疼的问题：最近产品不动销！

这一点，我们要感谢史蒂夫·乔布斯。苹果手机的畅销让我从杰克·特劳特、阿尔·里斯、迈克尔·波特的理论研究中摆脱出来，从书本和坐而论道的这个派、那个派中解脱出来，转而从营销实战中，直指人心，破解每一个产品畅销的真正原因，即消费者购买决策时，心智中一闪而过的5个营销原点问题：**“认知、需求、品类、品牌、价格”**。

可以这么说，抓不住这5个原点问题，你的一切营销动作都是在迷雾中前行。无论你的动作是大张旗鼓地冲锋，还是谨小慎微地爬行，你的资源一定会在模糊甚至错误的战略方向指引下，被浪费得干干净净——我敢打赌！

不客气地说，95%的企业正处于这样的爬行状态，那剩下5%快速成长的企业又是怎样的？他们就是苹果、特斯拉这样的成功企业。他们的成功一定不是偶然，一定是破解了营销原点问题之后，有条不紊、秩序井然地往前推进的结果！

二、洞穿消费者的购买心理

事件的主角消费者，虽然天天买东西，但他自己并没有发觉，为什么买这个不买那个，即对这5个营销原点问题完全处于下意识状态。

一般的企业家，面对这5个分别看起来似曾相识、却又似是而非的问题，难解其中奥义，更不用说把它们串起来经过系统的思考，形成企业营销竞争战略来指挥营销战役了。

消费者不懂没关系，企业经营者不懂就危险了！所以，科学地解剖这5个营销原点问题，是我们在本书中破解产品畅销密码的关键。

我们从营销经典的解读及实际销售活动中，经过近20年的研究发现，消费者的购买决策过程，无论其购买决策时间短至采购日常消费品的几秒钟，还是长达购买汽车、房子这样大宗物品的半年一年，其心理机制是一样的，即：**“以认知为基础，以需求为动念，以品类做思考，以品牌做选择，以价格做决策。”**

这个心智一闪而过的过程，我们可以按照顺序一一进行解剖。

（一）以认知为基础

在消费者的心智里，他获得了某个商品信息，就会有初步直接或者间接的认知。

例如，两兄弟大雪天上山砍柴，累了休息的时候，弟弟说：“哥呀，等咱有钱了，咱买把好钢打的王麻子刀，那个刀锋利得很，砍柴肯定比现在快多了!”哥哥说：“你笨呀，要是咱发财了，每天像皇帝一样在家里吃烧饼卷大葱，谁还来砍柴?”在弟弟的认知中，知道好钢打好刀，王麻子牌的刀好使。在哥哥的认知中，发财了就不砍柴了，但是在心智认知中，发财后“帝王般”最好的生活就是吃烧饼卷大葱。

心理学家研究过，人们在梦里所发生的一切都是醒着的时候所见所闻的无序拼凑，也就是人们梦里不会出现一个心智中没有信息储存、无缘无故、无根无基的东西、事件或者人物。

每个老板制定战略前，必须花点心思，调研一下：我的产品在消费者心智中，是一个什么样的认知？我如何扩大这种认知？——认知又分为多年自然形成的“历史认知”，与经过企业投广告、做公关后形成的“教育认知”。

（二）以需求为动念

打坐练气功的人都知道，人的内心很难真正静下来。因为，人有各种各样的念头，一念未灭，一念又起，这些念头就包含了各种各样的需求。

大多数时候，人们并没有很明确地想要买一件东西，只是心念一动，就买下了。每个老板都要想一下，如何让消费者在动念需求的时候，让他的认知中能够有自己的产品出现。

（三）以品类做思考

品类是一个满足需求、对应需求的心理类别划分，不是产品物理形态类别的品项划分。

比如，我早上饿了，是吃牛奶加麦片的西式早餐，还是豆浆加油条的中式早餐？这是消费者思考的产品心理归类即本书创造的概念“品类问题”，这是基于西式、中式早餐有所区别的认知，在需求心念一动的时候，思考的问题。至于牛奶是多大规格的、什么包装的，油条是长的、短的，那是外界所通俗理解的物理品项问题。两者在消费心理上的区别非常大。

各位老板要思考一下，自己的产品是什么心理“品类”，对应了消费者的什么需求？

（四）以品牌做选择

人们记住一个人，首先记住他的名字，并以此区分熟人与陌生人。如果我们记住了一个自己感兴趣的陌生人的名字而很久无缘见面，某次见面的时候，会有“久仰、幸会”的感觉。

选择商品也是这样，人们会首先考虑那些“有名有姓”的商品。但是，人们在某个品类里，能够记得住的品牌通常在3~7个，能够形成购买选择的，通常是排名第一二的品牌，老三的机会很小。因为，消费者每次去超市，面对的是几万个商品、几千个品牌、几百个品类。

判断一下，你的产品在品类、品牌里排名第几？消费者选择你的机会大吗？

（五）以价格做决策

在5个营销原点问题上，价格问题是唯一一个在消费者显意识里，进行了难能可贵的“半理性”思考的问题。

本书中对价格与价值博弈关系的研究，是定位、品类战略、竞争战略学派所没有涉及的，这一点是本书在理论上的重大首创，它真正地将5个营销原点问题串起来形成动销驱动力。

价格，是购买决策临门一脚的问题。人们在思考价格问题时，掺杂了各种因素。比如，一个富人与一个穷人在购买东西时，出手速度是不一样的，这是家庭背景问题。一个人在春风得意时与失业在家等待救济时，对价格的敏感度是不一样的，这是收入稳定性问题。一个做事冲动的人与一个老成稳重的人，对价格的思考是不一样的，这是性格问题。一个当家的人与一个不当家的人，面对价格问题时，行动是不一样的，这是社会地位与责任感问题。宏观环境好与市场不景气，人们对商品价格的承受力是不一样的。公款消费与自掏腰包，购买时的心理活动是不一样的。散装销售与整盒、整件销售，价格吸引力也是不一样的。日常例行的有计划消费与节庆、纪念日的冲动消费，对价格的敏感度是不一样的。

你的产品价位如何定位、如何引导消费者及时决策、果断购买？

一个富人与一个穷人在购买东西时，出手速度是不一样的。

三、从 5 大原点出发，打造畅销品

弄明白了消费者心里一闪而过的 5 个原点问题，那我们如何让自己

的产品畅销起来呢?

请在专家的指引下，制定让产品畅销的营销战略，否则，如同《孙子兵法》一样，一看都懂，一用全错。下面，我们阐述经过实践检验的5个观点，纠正一些常见的错误，这是本书前言的精髓。

（一）认知大于事实

这给企业家当头一棒！很多企业家，特别是技术出身的企业家，说起自己的产品如数家珍，认为自己的产品这里好、那里好，流露出的神情，一点也不亚于父母替大龄儿女出席某个相亲会，介绍自己宝贝孩子时的那份执着、认真与自豪。

这时，我往往会不客气地打断他的话，反问他："王老吉真的能去火吗?""六个核桃真的有六个吗？真的能补脑吗?""农夫山泉，真的有点甜吗?"

消费者只能从有限的、模糊的信息中，对某个产品形成一个约定俗成的认知，如东北人，豪爽。至于，是不是每个东北人都豪爽，消费者是没有时间、没有精力去研究、对应每个具体事实的。所以，我们的结论是，认知大于事实。

这个结论不是让我们不讲事实，而是告诉我们要务实地顺势而为，低成本、高效率地利用人们心智中已经形成的、固有的历史认知，**把这种不花钱的认知强化为"事实"**。这样，我们就在人们购买决策的瞬间，抢先于其他竞争对手，优先进入他的品类思考范围与品牌选择视野。

绝大多数固执的企业家，在第一关这里就摔了大跟斗，对不花钱的历史认知不调研、不总结，不去对应产品的特性进行认知价值筛选，而是花了巨大的精力，进行一厢情愿的、艰难的认知教育，并且据此进行营销战略、战役、战斗的布局与资源配置——烧钱啊！

您，是不是这其中的一位呢?

（二）需求需要“勾引”

爱，你说或不说，就在那里，不增不减——这是诗，不是生意。

人的需求，除了饥饿、睡眠这两大刚性需求会自动、定时按照生理规律产生，其他绝大部分的需求，必须在特定的外部环境刺激下，才能被唤起与激发出来。刑侦学家发现，强奸案的环境诱导因素很重要，比如路灯黑暗、女孩穿着暴露等。我们还发现，即使是睡眠与饥饿这样的刚性需求，也会有差异化的品类细分机会：人们午夜就想睡觉，但是很多人睡眠并不好，脑白金就满足了改善睡眠需求；一到饭点就肚子饿，但不是马上就有饭吃，谁会满足临时填充饥饿的需求？

手机是打电话、发短信的，电脑是处理信息的，把手机与电脑合二为一，就产生了智能手机。史蒂夫·乔布斯不是发明了智能手机，是通过人性洞察，“勾引”起了掌上信息处理的需求。

“困了、累了，喝红牛！”“怕上火，喝王老吉！”“经常用脑，多喝六个核桃！”这些广告语、定位的输出语俗气吗？——没关系，关键是产品畅销了！幕后的策划报告告诉我们，王老吉利用了凉茶去火的**历史认知**，“勾引”、强化了购买需求；六个核桃利用了传统药食同源、核桃以形补形的**历史认知**，“勾引”、强化了补脑需求。

你的产品满足了消费者什么样的需求，要大胆、直白地依据消费者已经形成的、不需要教育的历史认知（**而不是事实，请注意**！）大声地说出来，不要羞羞答答，更不要转弯抹角！明白了这一点，你就过了第二关！

（三）品类定错位，功夫全白费

一个父亲有两个儿子，都长大成人，他给每个人20万元，希望他们自己创业。

大儿子用20万元买了辆出租车，每天风雨无阻，勤奋操劳。二儿子用20万元付了四套房子的首付，自己住一套，利用其他三套的租金交银行利息。10年过去了，大家应该猜到了两兄弟的结果。

六个核桃如果继续跟在承德露露后面，定位为坚果风味饮料这个小品类，而不跨入补脑植物蛋白饮料的大品类，根本无法实现几年突破100亿元的营销奇迹。

黑芝麻糊、燕麦片、核桃粉和豆粉这些一到夏天就没有人吃的冲调品类，如果不进入更大的、每天都吃、随时都喝的品类，可以想象，要突破10亿元的销售额，该有多难。

很多老板热情地介绍自己的公司："我公司产品有30多个品类……"但我会客气地纠正他："老板，据我观察，您的产品中还没有一个大单品已经形成营销学意义上的品类！"他的惊讶与错愕，你可以想象。

1. 什么是品类

什么是品类？通常从认知与需求两个维度进行判断，就是消费者心智中、认知上不需要进行解释性的教育，需求上一"勾引"，就能产生购买行动的商品"心理类别"。

汽车刚刚出现的时候，被叫做"喝油的马车"；史蒂夫·乔布斯不把苹果手机叫做掌上电脑，而宁愿继续把它叫做智能手机，就是为了在消费者用心智进行品类定位的大单品中"站队"。因为，与手机比起来，电脑的认知是"大、笨重、贵"，手机则是"轻便、便宜、方便"。

品类定错位，功夫全白费。这可不是说着玩的，你的产品定位在沟里，你长大了，顶多是条泥鳅；你的产品定位在河里，你就是条跳龙门的大鲤鱼；你的产品定位在海里，你就是大鲸鱼！

2. 如何进行大单品的品类定位

这里要引进一个**"品类发育度"**的概念。

营销学有很多很复杂、很专业的定位技术，在此，可以从三个角度通俗地描述一下：

从消费者角度，有一半以上的人一说起你的产品，能自动地进行认知归类；有十分之一的人，经过你的需求“勾引”，能够产生购买行为，这说明你的品类已经发育成熟了。

从企业内部判断，发育成熟的具体标志就是：你有某个产品成为占公司总销量 70% 以上的大单品。

从企业外部判断，竞争者公认的品类成熟标志是：品牌成为该类产品的代名词。

否则，所有的产品还是物理意义上的品项。展示厅里可以有成千个品项，但是，也许你只有一两个发育成熟的品类。

通俗地表述一下，判断品类发育成熟度的标准是：

（1）有 50% 以上的消费者，对产品的功能或类功能有原始的、不需教育的**历史成熟认知**。

（2）在经过科学定位后的品类输出语的提示下，有 10% 以上的信息接收者表示听过这句输出语，内心会产生购买冲动及产生购买行为。

这两点都需要进行科学的调研、严谨的分析及深刻的洞察。

品类定位的输出语可不是一句广告语那么简单，它综合了营销专家们一切前期的专业技术攻关与营销实战智慧，是一切营销行动的总纲领，如同“打土豪，分田地”一样。当时中国 95% 以上人口是农民，90% 的农民没有土地，而土地是农民心智中最大的财富，渴望拥有土地是农民最大的需求。抓住了这个问题，土地革命成为了革命的战略方向。

但是，品类定位的输出语确实也是一句广告语，如果你没有资源进行传播，让它进入消费者心智产生认知，勾起他购买产品的需求，那么它什么也不是。没有品类定位的科学传播，地面工作会非常吃力，千辛万苦建立起来的物理层面竞争优势（如渠道优势）会非常不牢固。

找准产品的品类定位并且进行高效的传播输出，是你要跨越的第三关。

（四）品牌，宁为鸡首，不为牛后

“要做就做老大”这是很多企业家的口头禅。在柯达胶卷没有成为历史之前，很多企业家很迷信品牌。很多策划师，特别是4A背景的那一代广告人，也把打造品牌奉为营销的第一要义。

中国人早就知道“皮之不存，毛将焉附”的道理，因此，品牌一定与品类脱不了干系。你看，当VCD这个品类不存在了，爱多品牌就不见了；当模拟信号手机不见了，摩托罗拉品牌就消失了，诺基亚也很难见到了。当谷歌眼镜大行其道的时候，放心，苹果也会很快不见的。

这就是品牌背后波涛汹涌的品类竞争，如何将品牌打造与品类竞争结合起来？

成熟品类中的第一品牌往往是历史已经形成的，如果你已经占据了品类的第一品牌，那么你就要扩大品类。扩大品类的途径，就是刷新消费者对品类功能的认知，扩大他的需求。

如果你在品类中的排名在第三以后，那么无论是第三，还是第七，都已经不重要，你要做的是如何占据品牌第二的位置。

如何占据第二的位置？想想百事可乐，你就知道了。路径就是，在原有成熟品类中，细分一个新品类，然后把自己说成是这个细分品类的第一。

我们惊奇地发现，当品类中的第一与第二“打起来”时，品类的市场容量不但没有缩小，反而越来越大，只是第三会被压得喘不过气来。这就是著名的“品牌挤出效应”。比如，可口可乐与百事可乐打起来，其他可乐不见了；加多宝与王老吉打起来，和其正难受了；蒙牛跟伊利打起来，光明施展不开了。

六个核桃独步天下，谁来当第二？补脑植物蛋白饮料在呼唤这样的品类竞争者。有远见的企业家，不但会容忍，甚至自己会主动培养一个这样的“第二”品牌，毕竟，品类的长治久安，才是品牌的百年大计。

如果，你不小心进入了一个发育不良的小品类，通俗地说，你已经掉进沟里去了。在小品类里，你就是当一千年的第一，也只是花果山里一猴王。

老板，赶紧重新进行品类定位，把品类调整到大海里来，哪怕只是当个第二品牌。瘦死的骆驼比马大，当第二有时比当第一还幸福。别小看这样的小小调整，你眼前会慢慢豁然开朗、阳光灿烂！

让你的品牌进入品类阵营的前2名，争取做第一，这是产品畅销的第四关。

（五）价格不重要，价“值”才是关键

很多年前的一个故事，一个服装老板在广州白马市场进货，20元淘了一件裙子，因为品牌写的是英文，她不知道是什么牌子，标价50元，一个月没有卖出去。某天，淘气的儿子放学来店里玩，在价格标签后加了个0，几分钟后进来一个时尚女郎，二话不说就买走了。

原来，这是一个著名的时装品牌，在香港打折的话，也得卖800多元，这家店卖500元。时尚女郎是识货的人，感觉占了300元的大便宜；老板娘20元捡漏，大赚480元，皆大欢喜。

价格与价值对应、对等，让双方觉得“皆大欢喜”，这就是定价的奥秘：

人们不一定喜欢便宜，但是一定喜欢贪点小便宜。

人们不一定喜欢廉价，但是一定喜欢讨价还价。

为什么？这就是人性。人们在讨价还价中，感觉实现了价值，因为讨价还价是一种智力劳动，人们付出了劳动，希望有所收获。所以，懂得做生意的人，一定要留给顾客一个讨价还价的机会。**请记住，你给他一个这样讨价还价的机会，他会还你10个再次上门的机会。**

同样，人们愿意远渡重洋，去法国买一个6万多元的LV手提袋并不觉得贵，因为同样的包，香港地区要8万多元，内地要10万多元，她还觉得赚了4万元，连出国旅游的费用都赚回来了。比如，女孩子不

愿意买便宜的化妆品，但还是愿意为大卖场一个有折扣、有促销的主题推广活动，为免税店高昂的价格买单，为什么？因为，她觉得占了便宜。

无论你卖的是房地产，还是机械，无论你是开工厂、开店铺还是开网站，价格问题表象背后的心理博弈机制要达到的效果就是：**“通过讨价还价，让他占点便宜，皆大欢喜。”**

定价技术过关了，产品畅销的最后一个障碍就顺利清除了。价格对动销的驱动力，是杰克·特劳特的定位理论、阿尔·里斯的品类战略及迈克尔·波特的竞争战略所没有涉及的，广告大师克劳德·霍普金斯稍有提及，但是语焉不详。因此，我们在本书中，会详加论述。

在现实的市场竞争中，我们不可能无视价格在消费者购买商品时的决定性作用。本书将它创造性地纳入我们发明的动销原理，去帮助企业真正解决产品畅销问题，是因为我们与广大务实的企业家们一样，相信实践是检验真理的唯一标准，因此不与学院派、讲座派去做无谓的教条之争。

如何用好这 5 个营销原点问题的精髓，去指导营销，实现产品畅销？看完此书，还得靠您指挥自己的团队，爬雪山、过草地，一仗接一仗地去打。

这可能是一篇很长的前言，但是，相信您看完后会觉得很有价值。当然，更有价值的，还在后面为你揭示如何真正实现这些价值的篇章里。本书每一个章节，都是我们 20 多年的心血，力求书中每一句话都有它的价值，绝无边角废料。

本书上篇的五章分别针对畅销的五个关键点展开，告诉大家实践操作中的关键点。中篇从运营落地的角度，解决的是竞争成本、效率与风险控制问题。最后，下篇主要从竞争与成长的角度，看看各个生存阶段的企业，如何围绕动销、运营来展开竞争，使得自己的企业长盛不衰。

本书的第一作者吴江萍老师凭借 20 多年对心理学、创业学的深刻理解，让本书脱离了普通营销书籍的那种“要么是材料与理论枯燥的拼凑，要么是插科打诨的无厘头”的市井流行风格。

人们不一定喜欢便宜，但是一定喜欢贪小便宜；
人们不一定喜欢廉价，但是一定喜欢讨价还价。

写完此书，我们再次全身心投入火热的市场竞争中，再次实践、再次验证，循环往复。我们相信，无数经过我们策划的产品畅销了，这本书的持久畅销也一定是水到渠成的事！

上篇　产品怎样动销

第七章 运营节奏，3 类营销战役

第八章 运营掌控，7 大营销要素

下篇 如何让你的企业长盛不衰

第九章 起步阶段的 3 种游击战法

第十章 成长阶段的 5 种 “纠缠” 战法

上篇
产品怎样动销

——由外而内，你所不知道的战略思想

农民种的粮食、瓜果蔬菜，如果自己家吃不完，要想拉去集市上卖的话，那么他得先了解镇上的人想吃什么，他会通过电视、网络研究琢磨外地、大城市流行吃什么，第二年，根据这些信息调整耕种计划。一句话，农民进步了。

可是，我们经商多年的企业家们，好像还退步了——这绝对不是危言耸听。不信，调研10家你熟悉的企业，参观他们的展厅，与他们老板约谈，看看他们制定的宏伟发展战略、三五年乃至十年规划，千篇一律都是那套几年内实现销售目标多少多少亿元，成为什么什么行业领导者！

我们可以大声地质问他们："你凭什么制定这个目标？"也可以温柔地探讨："这个目标，你自己信吗？"这种掩耳盗铃、自说自话的战略，我们叫做"由内而外"的战略。

真正科学的战略思想，是"由外而内"的：

第一，只有让产品畅销起来的战略才是好战略，至于实现销售目标多少亿元，那只是对经营团队的定量考核指标而已，是管理上自然而然的事。

第二，"成为××行业的领导者"只是个口号，只要你的大单品成为品类的代名词，你的品牌成为品类的代言人，这是水到渠成的事。把广告费花在这个上面，貌似在传播定位，其效率远远低于对品类的认知教育、需求"勾引"，而无数企业吃了这个亏。

"由外而内"的战略思想核心就是要搞明白消费者购物决策时，心里一闪而过的5个原点问题，然后采取相应的行动，即：

（1）调研消费者对你的产品认知存量，然后扩大你认为有战略价值的历史认知。

（2）了解消费者对你的产品想要的现实需求与隐性需求，然后勾起他能够让你最有竞争力、最能做成大品类的需求。

（3）清晰分析你的品类发育现状，通过一系列营销手段，加快品类发育成熟度。

（4）了解你的品牌，在品类竞争博弈的过程里，在消费者心智中所处的位置，然后通过有策划的传播，使得它取得总品类第一品牌或者细分品类第一品牌的位置。

（5）系统分析你的价位、价盘，看看是否具备竞争所必需的静态驱动力，认真测算有没有空间进行价格操作，加大动态驱动力。

第一章

扩大认知的5个妙法

第一招　省钱又有效地摸准“外人”对你的认知

兵法有云：“知己知彼，百战不殆。”研发苹果手机这样的大创新产品，必须得研究目标消费群心里是怎么想的，对产品有什么要求，功能有哪些需要改进和新品测试等。在普通人看来，像美国这样的国家，市场调研费用一定得是几亿元的巨额资金，调研的人数也应该是成千上万。

史蒂夫·乔布斯花了多少钱？没有花一分钱。调研了多少人？调研了五个人，一个电脑玩家，一个手机发烧友，三个普通消费者，仅此而已？仅此而已！

当然，那位著名的合伙人为了稳妥起见，凭着旁听时的记忆，将史蒂夫·乔布斯调研提问的过程偷偷地整理成问卷，然后给每位员工发邮件，要求大家 3 天内按照问卷的说明，在亲友中也调研 5 个人。一周后，几千份问卷数据统计出来了，结果与史蒂夫·乔布斯的结论几乎一模一样。

目标消费者，特别是原点人群对产品的认知，是研究营销原点问题的出发点。人们心中没有“凉茶去火”的普遍认知，就没有王老吉；没有“核桃补脑”的普遍认知，就没有六个核桃五年上百亿元的奇迹。

因此，史蒂夫·乔布斯要了解目标消费者对“未来智能手机”的认知，只需要调研 5 个人就够了。这跟我们人为什么长 5 个手指头就基本可以完成单手操作一样。对事物有 5 个方面的认识，基本可以形成、印证普通消费者对某一个产品的立体信息了。

这就是惊世骇俗的快速消费品“亲友调研法”——小样本洞察法。

其实，所有的生活用品，甚至所有的商品，都可以用这样的高质量、小投入、小费用的小样本洞察法来了解目标消费群的认知，洞察他们的需求，为品类定位作出相对科学的定性分析与定量分析。

史蒂夫·乔布斯要了解目标消费者对“未来智能手机”的认知，只需要调研五个人就够了。

【案例】

员工亲友《“我爱康全药业”调查问卷》设计

（请员工将问卷集中交市场部统计员）

开放式问题两个，由员工向亲友提问。

一、在你的印象中，康全药业与其他药店有什么不同？（不提示，完全凭第一感觉、记忆回答）

二、康全药业的哪一点，最吸引你？（不提示，完全凭第一感觉、记忆回答）

封闭式问题四个（向亲友展示问卷，打勾）

一、你去康全药业，常买的产品是以下哪类产品？（可以多选）

1. 感冒发烧类　2. 消炎解毒类　3. 普通 OTC 类

4. 儿童滋补类　5. 儿童促生长类　6. 补钙及其他微量元素类

7. 老年常用滋补类　8. 蛋白质粉类　9. 中药破壁类

二、以下哪些店内活动能吸引你？（可以多选）

1. 导购员解说　2. 地堆端架陈列　3. 货架促销广告牌

4. 店门横幅　5. 折价牌　6. 节庆祝福展架

7. 特殊灯光　8. 店内电视　9. 收银台小姐推荐

三、你多久去一次康全药业？（只选一个）

1. 每周 2 ~ 3 次　2. 每周 1 次及以下

3. 半个月 1 ~ 2 次　4. 每个月 1 ~ 2 次

5. 有需要就去　6. 想起来就去

7. 路过时随便进去看看

四、你每次进康全药业，大约花多少钱？

1. 买点小药品，10 元以下

2. 买点日常药品，20 ~ 30 元

3. 买自己当天生病的药品 30 ~ 50 元

4. 50 ~ 100 元的保健品

5. 100 元以上的保健品

您的年龄（岁）：（1）15 ~ 20　（2）21 ~ 25　（3）26 ~ 30

（4）31 ~ 35　（5）36 ~ 40　（6）40 以上

你的月收入（元）：（1）1000 ~ 2000　（2）2001 ~ 3000

（3）3001 ~ 5000　（4）5000 以上

谢谢合作！

这样的问卷在布置的时候，要做很生动、详细的讲解，让每个员工都能够采集到真实、有效的信息。问卷真正的价值在于运用动销驱动力理论，找出营销的原点问题。

营销的原点问题找到了，后面的营销竞争、促销和推广招法就层出不穷了。营销原点问题没有找到，后面所有的营销动作都是雾里看花，不信，你前后左右看看，有多少的企业在茫然中前行。

从康全药业的这份问卷中，我们能洞察出什么问题，提出什么咨询建议呢？调研提纲的要点可以简述如下：

（1）完成康全药业营销竞争战略的顶层设计，围绕如何增加客流量这一店铺营销的首要目标，解决以下店铺营销的原点问题：

- 如何打造品牌形象，提高知名度，吸引5公里半径内新顾客？
- 如何完善现场服务，提高美誉度，黏住老顾客？
- 如何强化店外、店内传播，提高路人即兴进店率？
- 如何发现需求、引导需求，进行高低毛利品项热点概念组合，提高客单价？
- 如何进行月度、节点促销主题策划、价格优惠策划、店员特优利促销话术训练，提高客单量？

（2）协助与辅导康全药业，进行营销运营体系的提升，解决以下运营规划问题：

- 运营模式：便利模式、电商线下服务平台模式的探讨与试验。
- 运营节奏：提前规划淡季、旺季和各大节庆的促销主题与实施方案。
- 运营控制：协助完善单店考核、货架贡献率考核、品类毛利考核和团队绩效考核，控制“费用支出严重超标、团队庞大管理混乱、投诉曝光公关事故”三大风险。

看到这里，你已经知道，通过调研了解消费者对你的认知有多重要了，同时，也知道好的调研不一定要花多少钱。

第二招　让"外人"的认知与你的特点对号入座

众所周知，2014 年春季特斯拉汽车公司在中国策划了一个精妙绝伦的公关活动。其实，除了汽车发烧友，谁也没有记住特斯拉汽车公司那些"讲述事实"的技术参数；除了广告专家，谁也没有在意特斯拉品牌在美国与福特谁比谁更强大；除了营销专家，谁也没有专门研究特斯拉汽车在中国的售价与在美国的售价有什么区别；除了环保专家，谁也没有真正去思考，这一款号称不会产生大气污染的汽车，对中国未来的生活环境有什么具体影响。

作为消费者中的一员，与大家一样，笔者就记住了一个信息：**"这是一款代表未来、不用加油的汽车。"**

代表未来，这就足够了，特斯拉汽车公司把这 15 辆汽车卖给了清一色的 IT 精英。谁代表中国的未来？当然是以马云、马化腾为代表的智慧产业里的精英，而不是靠垄断混日子的国企董事长，更不是把广大人民群众三代人变成"房奴"的房地产老板。据说，很多富二代、很多房地产商想去买特斯拉汽车，没门，人家不卖！因为，它觉得这些人不缺油，也不缺对中国环境的破坏，缺少的是对中国未来的责任与承担！

这一亮相，就把产品的特点与消费者的认知巧妙地结合起来了。什么是产品的特点？就是产品与生俱来的特质。比如，你一生下来，就是男孩或女孩，特斯拉汽车一生下来就是"不用加油的汽车"。

准确、清晰地表达特点，是扩大认知的有力手段，那么快速消费品如何学习特斯拉汽车，通过讲述特点扩大认知？

大家知道，牛奶是最好的日常营养品之一，但是亚洲人体质有个缺点，就是喝了纯牛奶经常拉肚子，这叫“乳糖不耐受症”。如果，把牛奶发酵成酸奶，就没有这个问题。

可是，新的问题又产生了，酸奶非常娇气，它的保存需要全线冷藏，俗称“冷链”。如果有一种酸奶经过技术攻关，既能保持普通酸奶的营养与风味，又不需要全线冷藏，这样好的产品，如何快速扩大它的认知度呢?

我国靠近越南边陲的十万大山，就有这么一家了不起的企业——皇氏乳业。皇氏乳业推出这个产品时，某大企业在华东已经开始生产销售这个产品了，但是，在品类定位、传播输出上，某企业没有真正理解动销的5个原点问题。作为偏远地区的皇氏乳业，如何抢先一步？我们认为，必须发起一个迅速占领消费者认知的闪电行动。由于这个包装的主色调，视觉锤是蓝色，因此这个扩大认知的行动就叫做“蓝色闪电行动”！

【案例】

蓝色闪电行动

——皇氏乳业摩拉菲尔醇养酸牛奶上市，快速扩大认知计划

说明：由于是常温酸奶，本次铺市处于试销阶段，市场部策划的重心放在终端的动销。

本方案有以下核心要点：

（1）静态促销，以利益驱动为主，措施为：

- 赠品：第一批，××件产品全部配赠品。
- 堆头：选定核心卖场，做大堆头，视觉冲击；堆头销售，除了赠品，还配礼品纸袋。

（2）动态促销：

- 核心堆头，配备免费品尝促销台，进行现场免费品尝。

● 社区促销，利用配送促销队进行现场推广，让消费者接触、体验产品、现场购买。

● 给促销员每件×元提成，提高推广积极性，商超部门参照此标准执行。

(3) 媒体配合：

主要是电台，进行“不用放冰箱的酸奶，肠胃舒服”功能引导，热线有奖问答等。

一、宣传主题

宣传主题为“不用放冰箱的酸奶，肠胃舒服!”

解释：夏天是酸奶大量被消费的季节，但是很多人忌讳喝冷饮。

常温酸奶的特性使任何人都可以喝，极大地扩大了消费人群；可以想喝就喝，极大地增加了消费的时机；可以整件购买，放车尾箱，带去郊游，极大地扩充了消费的空间。

推广主题，突出常温；设计主色调，以蓝色为视觉锤。

二、线上推广

主要为电台推广，具体细节如表1-1所示。

表1-1 电台投入明细

序号	名称	时间	费用/元	备注
1	FM91.0	×个月	×	宣传语待定，每个频率每日播放5次，时长15秒，此费用归属市场部
2	FM93.0			
3	FM97.0			
4	FM100.3			
5	FM104.9			
合计				

三、线下推广

（一）商超上市配合

推广时间：201×年×月×日

南宁×家商超、柳州×家商超、桂林×家商超共×个大卖场，进行地堆陈列、免费品尝和买赠活动，具体如表1－2、表1－3所示。

表1－2 市场部支持商超物料明细

序号	名称	备注
1	堆头帷幔、产品形象插卡	
2	礼品袋	
3	免费品尝桌围幔	
4	免费品尝	
5	搭赠礼品	以家庭为主的促销赠品

表1－3 ××商超费用明细

名称	序号		时间	数量（个）	单价（元）	费用	备注
××商超	1	堆头	××月	××	××××	×××××	一个月×个堆头
	2	免费品尝桌围幔		×	××	×××	
	3	堆头插卡		×	××	×××	
	4	免费品尝		××××	××	××××	活动时间为2个月，每月20天，每天6盒，每个月8场
	5	赠品		××××	×	××××	
	6	堆头围幔		×	×××	××××	
	7	礼品袋		××××	×	××××	
	合计					××××	

（二）配送上市配合（促销队进社区）

活动时间：201×年×月××日—×月××日

内容：在促销点悬挂摩拉菲尔醇养酸牛奶上市大海报及横幅，横幅内容如下：

（1）皇氏新品——摩拉菲尔醇养酸牛奶闪耀上市！

（2）（LOGO）不用放冰箱的酸奶，肠胃舒服！

促销队在每个社区摆台点各悬挂横幅××条，现场配合免费品尝、买赠活动，并用空箱搭建产品堆头（××个箱子），具体明细如表1－4所示。

表1－4　社区活动市场部支持明细

序号	名称	数量（个）	单价（元）	费用（元）	备注
1	横幅	××	××元/米	×××	按照2米计算
2	免费品尝桌围幔	×××	××	×××	
3	免费品尝	×××盒	××	×××	按每场6盒、100场计算
4	赠品	×××	×	××××	
5	礼品袋	×××	×	×××	
	合计			××××	

四、摩拉菲尔醇养酸牛奶价格体系（略）

五、团队考核

奖励先进，批评落后，带动中间。

（1）发货、铺市积极性考核以出货数量、上柜率为准，具体如表1－5所示。

表1－5　产品时间截点及奖惩规定明细

序号	名称	截点及奖惩	备注
1	出货时间	×月×日	
2	考核时间	×月××日—×月××日	
3	销售奖励	×元/件	必须完成出货任务的100%

续表

序号	名称	截点及奖惩	备注
4	市场部奖励	×元/件	销售必须完成出货任务的90%
5	未按规定价格执行	×××元/次	对直接责任人（业务员）处罚
6	未完成出货任务	×××元/次	出货未完成90%时，按《部门人员提成分配方案》对人员予以处罚

（2）市场推广活动效果考核以标准考核执行，抽查督导结果。

市场部将于活动开始4天后对终端铺货进度、产品陈列、赠品的使用、价格制定、促销活动执行及免费品尝使用情况进行不定期的督查，如发现有违规情况的出现，将予以相应的通报及处罚，具体如表1－6所示。

表1－6 督导考核及处罚明细

检查项目	序号	项目指标	执行标准	考核标准（元）
堆头陈列	1	陈列饱满	堆箱部分饱满度为80%	××元/次
	2	新品上市（该条款只限于新品上市时适用）	新品上市至少3个排面	××元/次
	3	搭赠展示	执行搭赠政策时必须在堆头上予以2个搭赠产品的排面展示	××元/次
货架陈列	4	陈列形式	（1）包装陈列方式以“上轻下重”的原则陈列，同一品牌垂直陈列，同一包装水平陈列	××元/次
	5		（2）所有产品必须除去外包装后陈列	××元/次
	6	价格核查	（3）除报批方案外，按公司要求价格执行，不允许出现公司规定以外的价格	×××元/次
	7	价格牌使用原则	（1）保持价格数额清晰可见、无遮挡、无修改	××元/次
			（2）1个堆头至少保证有1个价格牌，使用的价格牌必须正面朝向消费者，价格数字醒目，易于发现	××元/次
	8	地堆围使用原则	（1）100%使用	××元/次
			（2）符合公司阶段性品牌宣传	××元/次

续表

检查项目	序号	项目指标	执行标准	考核标准（元）
赠品管理	9	赠品使用原则	(1) 100%贯彻执行，向消费者进行宣贯告知	××元/次
			(2) 堆头需有所赠物品的样品展示	××元/次
			(3) 赠品实质必须面向消费者正面展示	××元/次
			(4) 捆绑时不得遮挡赠品名称、赠品不得遮挡产品名称	××元/次

六、费用预估

具体如表1－7所示。

表1－7　费用总表

序号	名称	渠道	投放时间	单价	数量	费用（元）	备注
1	电台广告费用	FM91.0	××月	×××元/月	××个	×××××	按两个月计算
		FM93.0					
		FM97.0					
		FM100.3					
		FM104.9					
2	堆头支持费用	××商超	××月	/	/	×××××	按两个月计算
		××商超				×××××	
		××商超				××××××	
3	社区活动	××配送	××月			××××	
4	上市海报	/	××月	×元/张	××××张	××××	
5	销售提成			×元/箱	××××	××××	
6	市场部提成			×元/箱	×××××	××××	
7	促销员提成费用	/		×元/箱	×××××	××××	
合计						××××××	费用归市场部

市场部

201×－×－×

稍有规模的企业都有一个像样的市场部，对于每天搞活动、做计划的市场人员来说，制定一个这样的计划，一点都不难。那么难在哪里？难在作为市场总监一级及往上的营销战略决策者对于产品特点——“不用放冰箱的酸奶，肠胃舒服”战略意义的理解。其战略意义就是迅速建立起皇氏酸奶“不用放冰箱”的认知，满足想喝酸奶又追求“肠胃舒服”的需求。

由于本次采取了闪电行动，等到远在上海的某大企业回过神来，皇氏乳业已经在消费者心智中牢牢建立起了常温酸奶品类“第一品牌”的地位。某大企业很尴尬，跟着皇氏乳业说吧，便成为第二，不跟着吧，就把产品最核心的差异化价值拱手让了出来，至今他们仍在上海乃至华东地区讲述一个不关消费者痛痒的保加利亚“品牌故事”。了解营销原点问题的读者已经知道，那叫“正确、优美的废话”！

第三招　大胆说出你的优点，让“外人”觉得那就是事实

强化消费者对品类的认知记忆，如果仅仅讲述特点，经过测试发现，一周后遗忘率在40%以上。就是说，如果只讲有什么特点，一个月以后只有不到60%的内容能够被消费者记住，再过个半年一年的，能记住的就更少了。

那有什么好的办法，可以进一步加强消费者的认知呢？

有，那就是通过比较，产生对比，讲出你与别的产品的不同之处！

百事可乐讲自己是年轻人喝的可乐，从品牌形象定位的认知区隔上，是成功的比较法。但是，从品类定位的角度看，百事可乐与可口可乐相比，并没有明显的品质、口味和营养上的优点，无法切分更加具体

的需求，因此，产生不了价格上的差异。

大家熟知的一个黑芝麻糊品牌叫南方黑芝麻糊，这个品牌在推出黑芝麻乳饮料的时候，用黑芝麻含有丰富的“黑营养”概念与牛奶“白营养”概念进行大胆的对比。这个广告一经播出，反响热烈。“黑营养”的概念认知“借力打力”，通过与牛奶“白营养”的广大认知对比，迅速在消费者心智中沉淀下来。

还有一个明显“对着干”的营销案例，就是恒大冰泉。在此之前，某品牌以自己是“天然水”来区隔其他的“纯净水”，甚至用一个水仙花的种子来做广告。种在“天然水”里的水仙，很快就成活、开花，而且很茂盛，而种在“纯净水”里的水仙，则迟迟不发芽，后来好不容易发芽开花了，又很快枯萎了。恒大冰泉“以其人之道还治其人之身”，提出了“地下水”优于“地表水”的概念。

【案例】

搬运地下水，掀起地表水的变局之战

——恒大冰泉，让一亿人先喝上长白山地下矿泉水

前言：变局之战

“燕雀安知鸿鹄之志哉！”放眼今日中国生活用水市场，有偏安一隅“画地为牢”的；有3亿元、5亿元“厚积薄发”的；有十几亿元、几十亿元“沾沾自喜”的；有做其他饮料“战略转型”转而做生活用水的，他们的市场表现用一个字概括就是：慢！

慢，是现象，但不是规律！中国水市场从纯净水、天然水到矿泉水，面临一场巨大的变局。要主导这场变局，必须实现**快、狠、准**！恒大冰泉，当仁不让就是这场变局的导演及男一号！

恒大集团从房地产到足球、到水，是**快**！恒大从投资建设改造工厂到“攻城（招商）”、“攻巷（铺市）”，再到大手笔“攻心（砸广告）”，是**狠**！天下武功，无坚不破，唯**快**不破！天下武功，**一力**降十会！恒大集团，一个充满阳刚之气的名字，它的基因就是**力量、速度**！但是，恒大集团还差一个**准**！

回顾2013年恒大冰泉的市场表现，**“快、狠、准”**三字诀已得其二。2014年的问题是如何出手更**准**，需对以下的原点问题进行思考：

- 中国人在喝什么样的水？（现状＝问题）
- 中国人需要什么样的水？（需求＝商机）
- 恒大冰泉提供了什么样的水？（品类定位）
- 消费者凭什么要比纯净水多花一两元买恒大冰泉？（品牌、价格与价值）

要系统解决这些核心战略问题，我们认为必须发动一场精准针对消费者生活用水品类格局的变局之战！针对这场战争，我们就在这“准”字之上，做以下建言。

一、变什么局

——从竞争参与者到市场主导者

——从游戏规则的遵守者到游戏规则的制定者

——从比着干，到对着干

（一）中国人的饮水状况

中国人饮水状况用三句话概括：“水资源严重污染，城乡供水系统严重陈旧和水健康意识极度淡薄。”

污染：水资源污染到什么程度？

据内部资料显示，中国97%的主要河流、湖泊都不同程度受到污染，这些污染包括工业污染、生活污染和其他污染。

陈旧：城乡供水系统陈旧到什么程度？

中国现有的供水系统，管线老化，管壁、水箱污染严重。99%以上的中国家庭，没有享受到国外发达国家很普通的一项民生市政建设成果——直饮水，甚至四星级、五星级酒店，高端住宅都达不到这个基本的饮用水标准。

淡薄：人们水健康意识淡薄到什么程度？

人们舍得用毕生的积蓄去买房，愿意用半年的工资去买手机，用几个月的收入去旅游，就是不知道自己身体70%是液体，需要用优质的、安全的水来及时补充每天的消耗。

（二）中国市场的生活用水品类竞争格局

拨开市场重重迷雾，我们用两个维度来绘制当今生活用水的市场竞争格局：

（1）价格维度

以最小购买规格瓶为单元，分三级：

低：2元以下。

中：2~5元。

高：5元以上。

（2）品类维度

纯净水、天然水（地表水）和矿泉水（地下水）。其他各种高价位“概念水”，销量微小，不做竞争者考虑。

（三）恒大冰泉变什么局

舍去低价位纯净水和畸高价位“概念水”，恒大冰泉的变局之战，不是具体的品牌之战、渠道之战、价格之战，从营销原点问题的角度来看，是在消费者心智中进行一场典型的“2~5元价格带”**中恒大冰泉深层“地下水”与××山泉的“地表水”之战！**

恒大冰泉以3.8元一瓶的中偏高价位拦腰切入市场，掀起市场变局，但是，变局的着力点落在什么地方才“**准**”？即恒大冰泉要在消费者心智中形成什么样的认知，满足什么样的差异化需求，他们才愿意花3.8元购买？

我们研究认为，变局的发力点落在**品类竞争**上！一句话：**“地下水”PK“地表水”**！

二、恒大冰泉凭什么来推动变局

（一）从房地产到足球，再到水

恒大冰泉的道路就是：不走寻常路！

我们认为，要推动这样的变局，在**“市场竞争多元化、消费者需求模糊化、渠道专业化、信息饱和化、各媒体碎片化”**的外部环境下：

（1）市场投入的**力量——必须大**！

（2）市场操作的**速度**——必须**快**！

（3）市场起步的**起点**——必须**高**！

准确瞄准一个需求，以100亿元起步，往200亿元、300亿元冲击，才有足够的能量撬动这样的市场大变局！

恒大集团，有这样的力量！恒大集团，有这样的速度！恒大集团，有这样的起点！因为，恒大集团的核心竞争力就是：**力量**！**速度**！**——我们要为它加上“准确”**！

（二）恒大集团对长白山水资源的战略性占位

房地产要的是：**地段、地段、地段**！

足球要的是：**人才、人才、人才**！

水要的是：**资源、资源、资源**！

恒大集团以极具战略眼光的商业操作，高瞻远瞩，抢占先机，快速拿下环境优越、交通便利和水资源可持续开采的长白山优质地下水资源，成功实现了战略性的占位！这一占位，为发动这场生活用水品类格局的变局之战提供了最可靠的物质保证！

（三）恒大集团水产业的战略构想及阶段性规划（300亿元）

恒大集团——恒，永恒，久远；大，大需求，大市场，大手笔！

恒大集团从万民恒久皆需的房地产大市场跨入万民恒久皆需的生活用水大市场，对于其战略规划，我们有以下建言：

第一阶段：以瓶装水撬动随机购买的**解渴饮用水**市场。

第二阶段：以桶装水进入千家万户淘米、做饭、煲汤和泡茶的高度固定、稳定、忠诚**居家生活用水**市场。

第三阶段：利用足球概念，开发**运动饮料**，快速兼并、重组（如收购健力宝）实现全国生产、市场产业布局，这样可以避免长白山水源限制。同时利用运动饮料布局**水源地保护**概念，在全国建立**恒大运动产业园**，用足恒大足球俱乐部的**运动概念**，与房地产遥相呼应，将房地产、足球和饮料三剑合一，掀起恒大集团新的产业变局！

第四阶段：抓住国家关注民生的战略机会，实现**"从房地产到民生产品"**的华丽转身，通过"恒大冰泉"品牌的打造与渠道建设，顺利进入四大民生产品领域：**"放心水、放心奶、放心米、放心粮油"**，为国家分忧，实现许家印先生报效国家的终极理想！

三、恒大冰泉如何"破局"

2014年100亿元的目标高悬，进入春夏，水的销售旺季来临，我们如何破局？

对于营销运营，我们有自己专业的"攻城、攻巷、攻心"三维评价体系。通过前期对恒大冰泉市场操作的初步调研，我们对恒大集团在生活用水竞争商战中的表现，用**"可圈可点、八分敬佩，两分担忧"**来表述。

攻城：恒大冰泉初步实现全国招商，成功攻占了经销商**仓库**！

攻巷：成功协助经销商进场、陈列，成功攻占**货架**！

攻心：大手笔投入广告。利用足球比赛大胜之机及2013年季度性的密集广告，成功传播出“恒大冰泉”！但是，从5个营销原点问题看，还有很多障碍没有解决！

接下来，**100亿元的变局之战如何破局?**

(一)“攻城”、“攻巷”之后，“攻心”为上

恒大冰泉用几个月的时间，获得了一般企业几年、十几年的品牌打造成果。但是，品牌打造有三个问题：

恒大冰泉，是谁?

恒大冰泉，是什么水?

恒大冰泉，对人有什么好处，消费者凭什么多花一两元去买它?

客观地说，前期大量的广告只解决了第一个问题，让消费者记住恒大冰泉。因此，**破局之战，攻心为上。**

攻心之战，我们要逐步解决以下障碍，才能又快又狠又准。

(1) 价格不是问题，前提是有价值。

每瓶3.8元，贵吗? 只是中稍偏高的价位，贵，也不贵。**消费者只有在一种情况下，才觉得东西不贵，就是觉得值!**

因此，要消除价格障碍，必须通过攻心战来塑造恒大冰泉作为地下水与地表水不同的品类价值。价值有了，价格就不是问题。

(2) 经销商、渠道、终端不是问题，前提是产品动销有钱赚。

招商，打款，发货，铺市，陈列，难吗? 不难。

货摆上去之后，10天、半个月、一个月是否动销、是否回转，这个才是难题。

货卖得动，经销商就忠诚；货卖得动，终端才欢迎我们去铺市、陈列。货，怎么样才能卖得动? ——“攻心”!

(3) 如何让一亿人（次）先喝起来? 前提是消费者觉得这个水不一般!

什么人喝瓶装水?

什么人愿意接受这个价格?

什么人愿意不喝纯净水，不喝地表水，“率先改喝”长白山地下水？

100 亿元，以零售价每箱接近 100 元计算，就是一亿箱。如果有一亿人（次）先喝起来，就是每人一箱。

这一亿先行者是什么人？这些人，是一个什么样的阶层？**找到他们并不难。**

恒大冰泉从哪个层面进行竞争，是行业、品类还是产品？恒大冰泉的攻心之战、精准之战，从哪个层面开始竞争？我们建议**对中国消费者的日常生活用水进行品类升级**！

恒大冰泉如何选择品类竞争方向？再次定义中国“一亿人”优质生活用水的标准，这个标准就是**长白山地下 1000 米深层矿泉水**！

（二）2014 年完成 100 亿元，攻心之战战略定位的关键点

1. 关键点一：品类价值塑造

掀起一场**“深层地下水 VS 地表水”**的品类价值论战！以话题引起争议，以争议引起关注，以关注传播品类价值，等为什么要喝深层地下水，不喝地表水，为什么选择恒大冰泉这个品类价值一旦树立，则可以以价值塑造价格，以价格带来利润空间，以利润真正支持全国唯一取水点的物流系统，全国经销商、终端的推广活动及大量的广告投入，实现市场的良性循环。

2. 关键点二：口碑人群建立

品牌的落地就是口碑：买，再买，呼朋唤友推荐别人买。

口碑人群的培养，是攻心之战的首要任务。广告、公关，说服了他们，他们买了、再买、说服推荐别人再买，动销链就形成了。

3. 关键点三：运营的节奏与系统的调整

夏季来临，这仗怎么打？足球从娃娃抓起，恒大冰泉如何让娃娃的爸爸妈妈、哥哥、姐姐先喝起来，再在孩子的心里埋下恒大冰泉的种子？2014 年世界杯又是球迷的盛宴，如何让这群爱喝啤酒、通宵熬夜

的人爱上恒大冰泉？

入秋，淡季来了，如何让人们在家里（淘米、做饭、煲汤、泡茶……）而不仅仅是在街上随机饮用恒大冰泉？

这些都要在攻心的基础之上，做一个运营的节奏规划。与此同时，我们营销的运营系统，前台、后台和团队（房地产与快消品团队磨合）都要与时俱进地进行转型与升级。

4. 关键点四：传播的策略

传播策略是公关、争议和引导！

公关，其核心策略是掀起一场“深层地下水 VS 地表水”的品类价值之战的“论战”。

公关的秘诀，是引起争议。

争议的方向，是引起替代性思考：以后敢不敢喝“地表水”了？

争议的潜台词就是：要喝就喝恒大冰泉，长白山地下 1000 米深层矿泉水！

5. 要进行精准的品类定位及输出

恒大冰泉品类定位输出语：略，与在广告上看到的有所区别。

定位输出语，一定要精准攻心！靶心瞄准了，所有的速度、力量才能狠狠地击中消费者的心！产品，才能动销！

时至今日，业界对恒大冰泉的市场动作仍然充满争议。但是，恒大集团在认知定位与传播上的出手，确实比普通企业有力度、有速度。

当然，从品类定位的 5 个动销原点问题看，如何突破价格障碍，仍然是恒大冰泉的核心课题，而解决价格问题的诀窍，就是通过深化矿泉水的认知来强化价值感——这需要准确度。

第四招　让“外人”认为产品的特点与优点跟他相关、对他有用

戴尔·卡耐基说过一个故事，小时候，邻居老约翰去世了，他急急忙忙去告诉小伙伴汤米。汤米当时被蚊子叮了一个大包，听闻消息后，对老约翰的噩耗表达了短暂而模糊的哀悼之意，接下来就使劲地抓挠自己被蚊子叮咬的包，并且心急火燎地满屋子四处翻找涂抹祛痒的药，再也不提起老约翰的事。

戴尔·卡耐基后来把这个现象形象地表达为：**“人们对自己被蚊子叮咬后痛痒的关心，超乎邻居的死讯！”**——这就是在消费者心理上如何引起关注与需求的“与我相关”现象。

为了加强理解，“与我相关”在中文里面有句粗俗但是有力的反义词，就是“关我屁事”这四个粗俗不堪的字，是很多著名策划家、“高大上”广告专家私下里审定广告、营销策划方案的内部评判标准。一个广告的文案、画面再优美，如果“关我屁事”，你的钱就白花了。

人们对产品特点、优点的认知，如果觉得与自己无关，很快就会忘记，更不要说产生购买行为了。所以，我们在传播产品定位输出语的时候，一定要特别补上一句与消费者痛痒相关的话，例如：“皇氏酸奶，不用放冰箱的酸奶，**肠胃舒服！”“怕上火，**喝王老吉！”**“经常用脑，**多喝六个核桃！”**“困了、累了，**喝红牛！”

我们经常给总裁班、总监班的同学们布置一份作业，就是用“关我屁事”做标准，去评判一个广告是否有效、是否准确地表达了产品的品类定位，是否完整表述了产品的“特点、优点及带给消费者的利益”。

结果，上课的时候，助理老师一汇总统计会发现，无论中央电视台，还是地方卫视，几乎90%以上的广告主，包括很多大牌企业、著

名企业家、经过国际4A公司服务的大品牌，说的都是“关我屁事”的废话。

有的是正确的废话，如：产品绕地球多少圈，产品是某某品类的领导者。

有的是优美的废话，如：天很蓝、云很美、海很广阔。

有的干脆不知所云，如：中国人，×强！

不知道这些精明的企业家，是否听过一句流传很久、很广的话：“我知道我的广告费有一半是浪费的，但是我不知道是哪一半。”

如果，在CCTV一秒钟广告费的代价是一辆宝马汽车的年代，老板们不把广告语精准地瞄准品类定位，瞄准品类的“特点、优点、给消费者的利益”，则损失的企业广告费岂止是一半？

企业后面营销运营的损失、资源的浪费、时机的错失、市场的丢失和竞争对手的做大，岂止是浪费一半广告费那么简单？这绝不是危言耸听！

稍微取巧一点，能够加深一些消费者记忆的，如“新飞广告做得好，不如新飞冰箱好！”“劲酒虽好，但不要贪杯哦！”从专业角度来理解，这都是一些剑走偏锋的取巧之作，不是有正见企业家的堂堂之阵、正正之旗。如果一般的企业去模仿、追求这样的“巧劲”，则必然会走入死胡同。

为了引起企业家对这个问题的重视，我们每次与企业家进行品类定位会议之前，都会讲两个很小的段子。在开始的寒暄阶段，我会巧妙地讲一句：“报告老板一个好消息，我家丫头这次考奥数得了个金牌。”在闲谈过了几分钟的时候，我又说：“报告老板，我最近游泳进步很大，可以一口气游6圈了。”在正式交流的阶段，我会指出：“老板，在我说我家丫头得奥数金牌的时候，你很礼貌地点了点头，表示祝贺；在我说出我游泳技术大涨，游了6圈的时候，你甚至有点不耐烦了。你想想，如果你的广告说你的产品是某某品类的金牌得主，你的产品销量，绕地球多少圈，消费者心里是怎么想的？”这个时候，我往往会停顿一下，语重心长地说出那句评判广告语是否有销售力的著名、有力、粗俗的标准："关我屁事！"

如果，一家企业的产品特点、优点与消费者的利益无关，与消费者的需求无关，那这样的品类定位肯定是失败的，它的输出是浪费的、烧钱的，它的结果会很惨。

评判广告语是不是"正确的废话、优美的废话"著名的、粗俗的标准，就是那四个字："关我屁事"——看看你说的，是否与我的利益有关。

对照一下自己的品类定位，用认知与需求这两把逻辑的尖刀，看看你的品类定位是否准确；用"关我屁事"的标准看看你的定位输出语，是否与消费者所关心的切身利益问题有关系。

【案例】

步步高点读机，妈妈再也不用担心我的学习

我们简单地思考一下5个原点问题。

在消费者认知里，点读机就是低龄学童学习用的一种简易电脑。这类产品的需求是有的，这个品类从小霸王学习机以来，20多年一直存在，似乎没有受到电脑普及的影响。

“人们对自己被蚊子叮咬后痛痒的关心，超乎邻居的死讯！”——这就是消费者心理上如何引起关注与需求著名的“与我相关”定律。

从品牌上看，步步高脱胎于小霸王，成为这个品类的代表；从价格体系看，都是工薪阶层能接受的，而且买学习机的费用大大低于去参加

周末、寒暑假课外补习班的费用。那么，这样一个产品，扩大认知的最佳着力点在哪呢？

我们从特、优、利来分析：

如果讲特点，它所具备的功能就是一台专门用于学习的“类电脑”。20 多年来，这样的认知已经深入人心，它的进步是一些存储、使用功能的进步，没太多的特殊性。

如果讲优点，这个产品的同质化很严重。在内容上，都是名校名师讲解；代言人，有各种各样的明星；价格上，大家不相上下；售后服务，从流程到承诺，都大同小异。

那就讲利益！这个品类带给消费者的最大利益是什么？

点读机，当然是为了提高学习成绩而买。如何提高孩子的成绩？如何督促孩子自己学习？这是每个家长每天苦思冥想的问题。监督孩子学习的过程，是一个连哄带骗、“胡萝卜加大棒”的博弈过程。这个过程皆大欢喜的结果就是孩子自己很自觉地学习，成绩蹭蹭蹭地往上升，家长再也不用担心孩子的学习！于是，就有了品类定位语的输出：**“步步高点读机，妈妈再也不用担心我的学习！”**

你所给的，正是她所苦苦追求的，这样的认知，才有力量！

第五招　巧妙利用一切名人、热点事件，扩大你的认知

认知是一个纯心理活动，所以，当外界的信息对自己有利的时候，特别是出现名人、热点事件的时候，就要把握好这个扩大品类认知的机会。

在20世纪中叶，法国的人头马风靡欧洲上流社会，但是在亚洲的销售差强人意。当时的日本是亚洲经济的翘楚，能够打开日本市场，自然就占领了亚洲市场的居高点。虽然人头马在日本做了很多广告，但反响不大，也进行了市场推广，但业绩平平。

后来，机会来了！夏尔·戴高乐总统要访问日本。董事局的企业家通过公关，要把法国的名酒文化作为一项推广给日本民众的文化交流项目，纳入总统的访问活动之中，夏尔·戴高乐总统同意了。

访问东京的那天，有一个车队穿越繁华街道向市民致意的活动。汽车队先缓缓过去，突然，队伍中出现了两架古典的欧洲马车，第一架马车是一个人头马的造型，第二架马车是一个巨大的橡木酒桶，这两架欧洲文化味道十足的马车唤起了街上民众的好奇，获得了东京市民的广泛关注，媒体也不遗余力地予以介绍，并且将欧洲酒文化、浪漫和和平等寓意赋予其中。人头马借此次机会，一举打开日本市场。这个策划，也成为公关界的经典案例。

现在，我们国家领导人出访时，有时也带着企业家一起。不过，参与的企业很少有像样的公关策划，而且除了有国际影响的大企业，一般普通的中小企业很难有这样的机会。

那普通企业怎么办呢？自己寻找社会热点，创造扩大品类认知的机会！有一家企业就做到了！

在三聚氰胺事件爆发之前，豆浆机只是各大百货商店、超市和电器行里一个不起眼的小品类。家庭主妇买豆浆机，也只是觉得“实在不知道家里还缺什么家电了，买个试试，玩玩！”这样的模糊认知、这样的小众需求，显然会影响品类的发育。

后来，众所周知的三聚氰胺事件爆发，消费者一夜之间愤怒了：原来以牛奶为主的动物蛋白饮料里，有这么巨大的猫腻，那么多的大品牌卷入其中。某个在香港上市的著名品牌企业家还跑去香港开发布会，保证在香港地区销售的牛奶绝对没有添加三聚氰胺。这一下，舆论反而大哗！言下之意，就是承认在内地市场销售的牛奶添加了三聚氰胺！

一般人，看到这样的事件，笑笑就过去了，但是，有家做豆浆机的企业敏锐地感觉到，机会来了。

他们的做法很聪明，一没有直接说自己的产品有什么特点，二没有说自己的机器与同行同类的机器比起来，有什么优点，而是从中国人的素食体质入手，宣传中国传统的植物蛋白文化。今天，我们可将这家公司的传播逻辑梳理为："中国人几千年来吸收蛋白质的传统是以植物蛋白为主。植物蛋白的代表，是大豆蛋白。人们食用大豆蛋白最普遍的方式是喝豆浆。喝豆浆最便捷的办法是自己在家里做。××牌豆浆机，就在你家厨房里！"

品类认知一下"借势"扩大，需求也"顺势"放大；豆浆机作为一个小家电的细分品类，一下子就发育成熟。这家品牌顺势成为豆浆机的第一品牌，其价位，一下子提到了利润非常丰厚的程度。产品畅销的5个原点问题，一次性趁势解决；营销运营效率大大提高，不到半年，资本市场的几个战略合作伙伴争相进入，该公司现在已经是上市公司了。

借势传播，也有操作不理想的。在2014年的甘肃兰州水污染事件中，某品牌大张旗鼓地去送水，结果当地政府不冷不热，为什么？因为如果你的认知扩大行动建立在放大对方的短处或者错失上，对方会产生抵触情绪，公关的效果就大打折扣。

另外，两家企业面临同一事件，因为处理方式不一样，认知扩大的结果也截然相反。

在2008年汶川地震的时候，国人纷纷伸出援助之手。当时的王老吉一下子捐出一亿元，如果按照正常的扩大品类认知的操作手法，王老吉完全可以在宣传上略带一句："灾区人民别上火，王老吉与你重建家园！"当时，企业高层考虑只要扩大品牌好感度就够了，没有进行这样的品类教育，这是企业的善良之处。

而另一家企业，就完全不谙此道。这家企业的当家人是位在大众中个人形象很好的房地产企业家，不知道那段时间是不了解民情，还是一直不懂国情，居然连发几封内部邮件，劝说员工只要捐出10元钱，就算是献爱心了。结果企业虽也捐出了一亿元，但是，这个企业家在消费者心智中的美誉认知算是一落千丈了。

在当今的网络社会，如何利用互联网上的名人、热点事件，扩大品类认知呢？

【案例】

南方黑芝麻乳网络传播方案

南方黑芝麻乳，是上市公司南方黑芝麻集团进行黑芝麻战略布局时的第二品类。它改变了原来糊类食品的消费时机，极大地提高了便利性，其消费人群也从普通的中老年人，扩大为年轻的白领、学生等。这一人群获取信息的渠道，基本上以电脑、手机为主，如何在新媒体上进行品类认知的扩大教育，是策划、公关的重点。

我们的方案分以下几步：

第一步，修改百度等搜索引擎的源代码。

在搜索引擎中，去除多余信息，将信息精炼化，提高“南方”、“黑芝麻”、“黑芝麻乳”三个关键词的排名。（关键词优化）

第二步，聘请30～50名网络专栏写手，经常发帖、顶帖。

全方位、多角度讲述一切与“南方”、“黑芝麻”、“黑芝麻乳”三个关键词有关的事情。话题包括旅游、美食、家庭、孩子教育、医疗、养生、职业规划、情感和婚姻等。（专栏写手与水军的区别）

第三步，与品牌形象代言人的微博深度关联。

为企业做过广告的王力宏、蒋雯丽都是网络红人、微博大V。

通过后台技术手段，一搜索“王力宏”、“蒋雯丽”，就出现与“南方”、“黑芝麻”、“黑芝麻乳”三个关键词相关的帖子。同时，一搜索“南方”、“黑芝麻”、“黑芝麻乳”三个关键词，就会出现“王力宏”、“蒋雯丽”的相关信息，实现品牌与代言人的微博互动。（后台操作）

第四步，在地方报纸经常发表与热点事件相关的报道。

只要是有正常刊号的地方报刊，都有电子版。只要有电子版，就可以在网上搜索出来。

现在，我们需要做的就是，让市场部经理、企业文化主管和企业内部公关人员，联系《玉林日报》、《南国早报》、《南宁晚报》之类报刊的特约通信员。（作为地方知名企业、广告大户，获得这样的资格，应该不难）

联系后，让特约通信员们根据社会热点问题，给这些报刊投稿，内容方面主要写些什么呢？

相信你看了以下几个标题，已经心领会神、胜券在握了：

（1）《郭美美，你伤了南方黑芝麻乳2000多员工的心！》

（2）《马伊琍与文章，谁更值得同情？——南方黑芝麻乳员工“家庭与责任”辩论赛精彩纷呈》

（3）《南方黑芝麻乳公司广场燃起370根蜡烛，祈祷马航MH370早日归来》

（4）《钓鱼岛永远是中国的！——让历史教育走进企业，南方黑芝麻乳企业大讲堂，今日开讲！》

（5）《热娜古丽——来自新疆的南方黑芝麻乳维族资深员工鲜为人知的感人故事》

（6）《备考！备考！——今年高考考生保持体力的新食品，南方黑芝麻乳！》

……

别把村长不当干部！别小看这些登载在地方小报刊的豆腐块文章，只要是正规发表的，它都有电子版；只要有电子版，它在互联网的搜索引擎里，都享受同等的“被搜索”待遇。

在这些热点问题发酵期间，只要一搜索这些问题的关键词，这些豆腐块文章就会公平、公正、公开地被弹出来。慢慢的，“南方黑芝麻乳”就成为网络热词了。

这样，前面的四步就发挥作用了！

看到这里，相信你已经会心一笑，跃跃欲试了。但是，仅仅如此，还不够。

第五步，海量转发。

除了30~50位专栏作家，我们还有几千名热爱上网的员工，有上万的股民、粉丝，有经销商、供应商，让他们的员工、家人都参与到转发的队伍里来。我们可以根据转发量和扩大认知的效果，设计一些奖励。

想一下，是不是很有意思？

我们相信，循环反复使用必有效果。但是，认知毕竟只是5个原点问题的基础，如何扩大基于认知的需求，才是关键。

【第二章】

“勾引”需求的3条途径

原子弹能杀人，能杀很多人，这个认知很普遍，但是我们没有这个需求。

在人的七情六欲里，除了睡眠、饥饿是刚性的需求外，其他的绝大多数需求都需要通过暗示、提示、环境诱导等外部因素来激发和唤起。再畅销的产品，哪怕茅台酒都要做广告就是这个原因。如果抱着“酒香不怕巷子深“的老黄历，说不定哪天人们就有了新的关于酒的认知，产生了新的需求。

企业家通过调研消费者对自己产品的认知，找出最容易实现、最能产生销量的需求，把它“勾引”出来，并且不厌其烦地放大（还记得十几年来，那句“送礼就送×××”吗），这是解决原点问题的第二步。

只有对应大需求，才有机会进入大品类；只有进入大品类，展厅里二三十个琳琅满目、引以为豪的产品中，才会有大单品。沟里只有泥鳅，海里才有鲸鱼，没有大单品，采购、生产、市场推广、促销和考核都浪费巨大，甚至无从下手。大单品就是畅销品，畅销品一定是大单品。

因此，如何快速唤起消费者认知中的需求，让它成为大需求，让大需求形成大品类，产生畅销的大单品，是本章讨论的核心内容。

一个年轻人，哪怕卖肾，也要买部苹果手机。

一对小白领，哪怕每天吃榨菜，也要买辆车。

一个刚毕业的大学生，哪怕让父母穷尽毕生的积蓄去交首付，自己每月交按揭也要买房。

这是为什么呢？我们就通过这三个当代最有代表性的畅销品来揭开需求之谜。

第一条　利用从众心理，制造潮流感

手机、车和房子，都是工具。

手机是信息交流的工具，车是代步的工具，房子是遮风挡雨的工具。这是我们通常的理解，但是，作为企业家，你也这样理解，那就大错特错了。

【案例】

摩托罗拉是如何迅速占领中国市场的

那是20多年前的事了，那时手机不叫手机，叫做大哥大，一个笨重的“大砖头”，带个天线。港台电影中黑社会老大见面，每人拿出一个，往桌上一放，气派得不得了。

摩托罗拉的铱星计划搁浅后，决心在模拟信号通信市场扳回一局。当时的手机三巨头，诺基亚、爱立信和摩托罗拉都想进入中国这个大市场，但是三家企业委托的市场调研公司，给出了截然不同的结论。

诺基亚委托的调研公司，从中国的宏观、微观经济分析，认为中国的人均GDP不足欧洲的二十分之一（1990年度），人均的月收入不足200美元，而当时一台大哥大，售价3万元人民币左右，几乎是普通居民全家全年的总收入。因此断定，在未来的10年内，中国的手机市场，还处于萌芽状态。

爱立信委托的调研公司，从消费者行为习惯入手，总结了当时中国人的通信习惯：人们远程通信的情况是紧急的事情，主要靠无线电报，不紧急的事情，主要靠花8分钱至2角钱的邮寄书信。报告中列举了中国分布到乡镇的电报站及庞大的国有国营邮政邮递员书信投递系统，认为短期内，人们还没有迅速改变远程通信习惯的迫切需求，国家也不会一下子让这么大的国有邮政系统瘫痪；短途通信主要是靠有线电话，当时安装一部家庭电话还要走后门、批条子；人们日常的短程信息交流，主要是通过串门、打麻将、大排档喝啤酒吃烧烤等形式进行，手机市场的现实需求，还有待培育，形成规模市场，至少要2005年以后。

摩托罗拉委托的是一家香港的调研公司。这家公司没有进行欧美调研公司那样庞大的数据分析，也没有进行专业的消费行为调研，而是通过我们前面说的“亲友”调研法。

那时，邓小平南方谈话不久，真正的改革开放才算铺开局面，港澳与内地的交往，以珠三角的“乡亲”互访为主。调研人员发现，无论是从香港回大陆的港人，还是大陆先富起来的“万元户”们，每次用“大哥大”的时候，都要站在路边人多的地方，左手拿着“大哥大”讲话，右手一定像是面对着整个体育场的听众一样，一边讲话，一边有力地挥舞！

这是什么情况？

调研人员仔细询问了两地的“乡亲”，大家都是一句话：“摆谱呗！”

调研人员接着询问：“那在你们心目中，‘大哥大’是个什么样的东西?”（看过前面营销原点问题，就知道这是对亲友的“认知”调查了）

“乡亲”们答得意味深长：“女人想露富，有项链，有手镯，有耳环！男人想露富，没有办法，只有靠‘大哥大’啦！”

这样的回答，如果放在一个没有经验、没有需求洞察力的市调人员手上，也许就轻易放过，连笔录都不会做了。也是摩托罗拉与中国有缘，该他们来吃中国手机市场的“头啖汤”，这位香港资深市调人员给摩托罗拉的调研报告，结论是这么一句话：**手机，中国男人的首饰**！

手机与首饰的读音似乎有点接近，其认知与需求的意义，则大不相同。

手机，如果在那个年代“认知”上是个通信工具，人们寄封信才8分钱，3万元可是天价，这样的价格直接就把需求扼杀在念头里了。

首饰，那可不得了。在那个鼓励一部分人先富起来的年代里，女人穿金戴银是先富起来的标志。中国人有个特点是“富贵不还乡，如锦衣夜行”。意思是，哪家要是富贵了，如果不让乡亲、街坊、邻里知道，就如穿着绫罗绸缎在黑夜里走路一样。一句话，富人要是不露富显摆一下，如果一直让他憋着，那比让他死了还难受。

关键是女人露富有首饰，男人有什么？

香港人说，男人有“大哥大”，摩托罗拉采信了这个调研报告结果！

于是，某年某月摩托罗拉大举进军中国市场，从电影、电视剧、广告和公关上制造了很多企业家、改革先锋手持“大哥大”威风凛凛、指点江山的正面流行形象。等到爱立信、诺基亚醒悟过来，摩托罗拉已经赚得盆满钵满了。

如果某一天，我们突然发现，身边的朋友、同学和同事之间突然流行某个东西、某句话语或某个句式，而我们一无所知时，我们会不会有种落伍的恐惧感？而这种流行一定不是躲在家里想出来的，肯定也不是什么国际4A广告公司、品牌专家在写字楼里面能够创作出来的，这一定是营销专家通过对认知的科学调研，对消费者内心真正需求的洞察发掘出来的。内容的核心概念，需要大师级的洞察，至于制造流行的传播方式，对于今天竞争白热化的广告界、公关界，那已经没有多大的技术含量了。

老板们需要思考的是这个案例后面深层的原理。其实，回到原点问题，答案很简单。

我们可以发现，工具是手机的物理品项，而首饰是手机的心理品类。工具无法流行（你听说过螺丝刀、扳手、菜刀、锤子流行的吗），而首饰本身就是流行的产物，是潮流的风向标。通过制造流行，让一个天价的产品变成畅销品，需要勾引特殊的需求。

手机是工具，这是事实；手机是首饰，这是认知。摩托罗拉“大哥大”的风行再次证明了，“认知大于事实”营销观念是实实在在发挥作用的。

至于后来苹果用新的流行取代旧的流行，用新的掌上电脑智能化需求，替代手机原始简单的通话、短信需求，我们已经亲身经历。将来，谷歌眼镜如何用新的流行“勾引”新的需求，挤压甚至取代苹果，应该为期不远，我们拭目以待。

回到您的产品，您如何制造一场流行，或者借助一场流行，通过对认知的深刻洞察与准确把握来放大需求，您有些初步的想法了吗？

第二条　利用好奇心理，增加破冰机会

做生意什么最难？破冰最难。

如果诸葛亮隆中对讲得天花乱坠，火烧新野一战却打得一塌糊涂，那就没有后来的三分天下了。新产品出来，或者老产品改造后再上市，一定要慎重初战，初战必胜。

如何增加破冰机会？常言道：“好奇害死猫！”

【案例】

奇瑞 QQ 如何风靡北上广女白领界

美国人在商品上，没有什么爱国情结。我们知道韩国人抵制日本汽车，中国人抵制日货；对于美国人来说，只要是好玩、新奇的东西，都会去试试，因为，他们心里只有好奇。

某日本汽车在美国的畅销，就是利用了美国人的好奇心。这个汽车品牌进入美国的时候，美国人并不以为然，在美国人心智中，日本货不结实，那如何让美国人认知该车省油呢？

日本的销售研究人员发现，美国超市经常有各种的免费品尝活动。比如，食品有试吃活动，无论什么食品，只要一试吃，都能卖出一些；西装、时装也有试穿活动，而且试穿一周内，无条件退货。于是，这家日本汽车商推出了试驾活动。人家那试驾不是我们现在看车时的上车摸摸、看看，然后在销售员的贴身紧逼、双目睽睽之下，在 4S 店的跑道里“走几步”，而是“把车免费开回家吧，开一个月、两个月都行，如果不比你家原来的车省油，新车就送给你！”

美国人好奇心强，一看这个试驾好玩，一登记就把车开回家，一两个月之后发现果然省油！当然，新车都给你开一两个月了，自己也不好意思退了，就这样直接把信用卡一刷，自己就变成车主了！

话说，国内奇瑞 QQ 也想借用这招，但是心里没底，还好经高人指点，换了个法子。高人经过调研发现，买奇瑞 QQ 的大多数是高级女白领和一些刚刚起步创业的未婚女青年。她们收入稳定，自立自主精神强，但是有一点，就是年纪越来越大，白马王子始终还没有出现，婚姻大事，是一块心病。

某天，奇瑞某销售大厅里贴出了一张有意思的海报：“某 MM 开上

QQ 后，三个月就找到如意郎君了！实情如何，请上试驾车，且听导驾人员分解！”

来看车的女孩子嘛，好奇心总是有的，何况本来就是来买车试驾的，听听故事又何妨？一到试驾的路上，导驾人员开始还卖关子，后来就娓娓道来。

“话说有个 MM，自己很能干，也很有钱，自己还买了跑车，每次谈生意、朋友聚会，都开着跑车去。结果，几年下来业务开展得不错，朋友也很多，就是没有男孩愿意跟自己发展感情，有一两个自己很中意的男生，自己看上了，也暗示对方了，男生要么左右躲闪，要么就是无动于衷，为什么呢？因为在男生眼里，女孩子开那种跑车，不是富二代，就是小三。你是富二代吧，人家觉得你仗着家里有钱，跟你交往自然有压力；你是小三，谁敢惹啊？

后来，这个女生的跑车坏了，来我们这参加了 QQ 试驾活动，我们允许她试驾一个月。她发现，自从开了 QQ，朋友们看她的眼神柔和了很多，男孩子也开始大献殷勤了。一次在网球停车场倒车入位的时候，由于车位太窄，一位正好在旁边停车的帅哥自告奋勇帮她把车倒进车位了。后来，她就跟这位帅哥一起打网球，再后来，她知道了他就是对面写字楼世界 500 强某企业大中华区的年轻副总裁，再后来……”

再后来，QQ 成为北上广女生的标配，是自立自强的象征。一个开 QQ 有独立精神的女孩，走到哪里，都受欢迎。

连汽车都可以试驾，很多旅游公司的旅游线路也出现了试游；很多网游软件，早就有开始发烧友实测；很多化妆品品牌，也在店铺里开展试用、试妆；很多餐馆，包括麦当劳、肯德基这样的大牌，每当推出新品，都会印发大量的试吃券。

如果，您的产品是快速消费品，您的第一个实用、有效的破冰营销活动，就是试吃、试用，而且建议您要长期、持久、广泛地开展下去。

第三条　利用实惠心理，设计组合套餐

除了制造流行、唤起好奇心，千百年来人们喜欢“实惠”的心理，也是我们扩大需求、屡试不爽的一个绝招。

还是回到汽车销售案例。前面分析过，手机刚刚进入中国时，在中国人的认知中，不是工具，而是首饰，那么，家用汽车（非高档豪华汽车）在中国人心智中，是不是代步工具呢？——不是！

“在中国人心智中汽车 = 家电（具）！”这是我们经过三年多时间进行调研得出的结论。

我们发现，楼上王阿姨上班就在街对面的公司大院里面，不下雨的话，爱人到单位步行 20 分钟也到了，王阿姨跟先生居然也买车了，为什么？王阿姨说：“咱家冰箱、彩电、电视机，啥也不缺了，缺啥？去姐妹家串门一看，人家老姐姐都买车了，咱又不是买不起，跟老伴一合计，就买了这辆车了。刚买车那阵，周末还开去郊区玩玩，现在一两个月没动了。”

我们还发现，公司新结婚的小两口，房子是按揭的，双方父母家庭也谈不上富裕，两人工资加起来也不算高，但是也买车了，为什么？一问，人家说，以前结婚三大件是收音机、手表和缝纫机，后来是彩电、冰箱和洗衣机，现在是厨卫整体化、书房智能化和出行汽车化。

看来，无论是人过中年的王阿姨，还是刚刚走上社会的小两口，大家都把汽车作为家庭现代化建设的一个“大件”。在中国人比上不足比下有余的儒家传统文化里，“大件”的意思是：“人家有的，我也要有。”哪怕一个星期，十天半月地不使用，也得有，这是比手机等于首饰更有市场机会的一个重大发现。

如果，您是汽车厂家，您如何理解消费者心智中“汽车 = 家电（具）”品类认知大于“汽车 = 代步工具”这个事实，并有创意地设计组合套餐，唤起人们对新车型的需求？

仔细想想家用车、家庭三大件、组合套餐等关键词。

家用汽车（非高档豪华汽车）在中国人心智中，是不是代步工具呢？——不是！“在中国人心智中汽车 = 家电（具）！”

有朋友问，公司销售的车全部是名牌车，不是“汽车 = 家电（具）”那么简单吧。

我们也可以思考一下，一个企业家、一个自认为有身份地位的人，他买名牌车，除了代步还有什么需求？对，身份的象征，既然是象征，那就大于实际意义。

通俗地说，这个时候的名牌汽车是用来“摆谱”撑门面的，用我们5个营销原点问题的模型来分析，消费者心智对这种车的品类认知为：**“名牌车 ＝道具。”**

你所忽略汽车的四大品类认知是代步工具、国民“家具”、纨绔“玩具”和摆谱“道具”。

我们再来看看房地产的销售。

【案例】

买别墅，送美女保姆，你动心吗

在2008年席卷全球的金融风暴爆发的时候，国内很多楼盘滞销了，尤其是高端别墅。但是，四川某地的一个楼盘卖得特别好，尤其是别墅。这一现象，引起了同行的好奇与关注，大家纷纷派出营销高手去探秘，行内管这个叫“踩盘”。

“踩盘”高手们一到这家楼盘别墅的售楼部，就被一幅简单的广告横幅吸引住了：“买别墅，送美女保姆，三个月包换！”

大家与售楼小姐一交流，恍然大悟，原来这是开发商推出的一个销售组合套餐。在促销期内购买别墅的业主，送他一年的家政服务。四川出美女，大家都知道。买别墅送美女保姆，既让人好奇，也会让人产生很暧昧的联想。

看了楼盘详细组合推销方案，大家才明白，人家的美女保姆全部由专业的家政公司提供。具体针对每个业主家庭不同的需求，还分为几大类：

如果需要照顾老人，有护理专业的保姆。

如果伺候月子，有专业的月嫂。

如果照顾小朋友的，有生活护理带家教的幼师专业培训老师，具体还分音乐、舞蹈、外语、数学和语文科目，看你家孩子需要哪方面的。

如果是照顾大人，比如陪伴全职太太，有厨艺、插花、按摩技师专业培训班毕业的保姆。

保姆的基本工作时间是8小时5天工作制，每名保姆的工作周期是三个月。意思是，如果三个月后，你觉得不好，或者重点护理对象由老人变为孩子，则可以提出调换；觉得好，干满全年，第二年，如果需要续约，可以自己商量，不过得自费。

这些“踩盘”高手回总部，大家一合计，一个专业保姆一年的费用也就3万多元，这个可比简单的销售打折便宜多了！要知道，别墅通常一打折就是十几二十万元。再往自己公司一想，每个楼盘的保安不就是由专业的保安公司提供的吗？不是也经常三个月一换，经常有新面孔吗？不也分白班、夜班保安吗？怎么就没有想到家政配套服务这茬呢？于是，大家的配套组合服务开始花样翻新！

买别墅，送豪华汽车试驾半年。（开了半年，你好意思不买吗）

买新房，送小区幼儿园一年学费。（要知道，那可是贵族学校，学费不菲）

买新房，送东南亚蜜月游，三年内有效。（你可以先买房，后找人）

买新房，送广西巴马养生游三个月，10年内有效。（估计第二年你就去了）

你看，房地产都可以做套餐，你的产品呢？

如果是汽车，能否买汽车送彩电？买彩电送婚纱？买婚纱送结婚照？拍结婚照，送镜框？买镜框，送漂亮的婚庆红包、请柬套件？

“认知大于事实”这个原理，对房地产有没有用呢？有！

我们知道，2013年中国大妈横扫华尔街，10天鲸吞300吨黄金这一壮举，英文词典里已经出现了一个新词：DAMA。

在近10年城市化的大潮中，房地产业是发展最迅猛的行业，但是通过买房改善居住条件的“一套房”比例越来越少。一个中等收入偏上的城市居民，通常手上有“二套、三套，甚至七八套房”，在这些人心智里，房子已经不等于住房。

那房子等于什么呢？

我们经过分析，得出结论：**“房子 = 黄金”**，就是说，房地产已经是居民投资理财“增值、保值”的财产载体了。

古代和近代，我们的财富保值增值靠的是存储黄金，现代，我们买房、存房。我们很快就会见到，90 后、00 后结婚的时候，每个新家庭小两口拥有四五套房的景象，因为，双方父母没有给他们古代传家的黄金，但是会给他们几套现代的房子。

这就是为什么宏观经济不景气，房地产不跌反升的原因：企业不敢把资金投到实业，只好来房地产避风；居民家庭的货币储蓄抵制不了通货膨胀的速度，也来房地产寻求保值，以备将来套利。抓住了这样的需求特点，你的组合套餐就有创意的源泉了。

第二章的精髓就是告诉我们，除了睡眠与饥饿，消费者其他的需求都需要“勾引”。“勾引”的办法，无论制造流行，唤起好奇心，还是做组合套餐，都要找准真正的品类认知。就像“手机 = 首饰”、“汽车 = 家电”、“房子 = 黄金”，包括“豪华汽车 = 摆谱道具”、“跑车 = 富二代玩具”一样，你不去深入调查就无法真正了解的认知。我们有的放矢地去勾引、发掘、放大消费者的需求，则我们的产品，很容易成为大品类。

【第三章】

加快品类发育的5个秘诀

如果你的企业十几、二十个产品全部是发育不良的小品类，那你再怎么费劲也培育不出大单品。即使由于历史的机遇，你有了大单品，但是产品处于一个无法做大的小品类中，哪怕你长年霸居第一品牌，几十年、上百年，也无法做成大事业。

比如，冲调食品就是一个小品类，还记得当年的“××核桃粉”、“××豆奶粉”、“××黑芝麻糊”吗？再看看，同样的原料，今天有核桃乳、豆奶、黑芝麻乳，饮料品类的市场有多大！

品类是否发育成熟，直接关系我们后期的营销投入决策。品类发育成熟了，我们顺势而为，抢占第一品牌地位，这样省时、省力、省资源。如果品类发育不成熟，我们需要调研认知、判断需求，把新品类、小品类往成熟的品类上靠，加快它的发育进程。

今天，我们一起来看看，在从美国到中国成功企业的实践中，如何加快品类发育度的这 5 个秘不示人的秘诀。

第一招　发起行业协会，树立官方地位

中国人比较重视正统，讲究道统的正当性。直到今天，虽然年轻人早就自由恋爱了，但是在观念上、仪式上还是讲究明媒正娶。

你想把自己的产品做大，首先要把产品所在的品类弄出一点动静。前些年，各地喜欢搞什么“大王”比赛，如：某地一斤××茶叶王，拍卖价 10 万元；某地一个“西瓜王”，拍卖价 20 万元；某地一个荔枝节，某棵树被评为“荔枝王”云云，这是地方政府炒作土特产的公关手法。

作为某类商品的生产商，您该如何做呢？

在现代商业社会，同行不是冤家，而是一种竞合关系，既竞争又合

作。如做黑芝麻食品的，大家一起成立个黑芝麻协会；做燕麦食品的，大家成立个燕麦协会；做水牛奶的，大家成立个水牛奶协会。

品类有了这样的官方身份，在扩大认知与“勾引”需求方面都可以发挥积极的作用：

首先，政府关注的机会增多，扶持的力度会加大，获得的土地、相关政策、税收等支持，也会给品类的发育带来极大的好处。

例如，南方黑芝麻集团发起成立中国黑芝麻协会后，黑芝麻主要产地江西省政府就高度重视，在南昌郊区的新建县给予几百亩土地建立黑芝麻产业园，还把鄱阳湖周边几十万亩坡地，划归产业园作为有机黑芝麻的原料基地。有了产量稳定、质量可靠、成本波动不大的原料保障，解决了上游的后顾之忧，黑芝麻食品品类的发展壮大，就有了良好的基础。

其次，媒体会提高主动传播品类价值的积极性。企业找媒体，媒体也在找新闻。如果单独是某家企业做什么活动，媒体予以报道那就有做广告之嫌。如果是某某协会，在某处召开行业发展研讨会，对媒体来说，这是重要的行业动态，本身具有行业发展风向标的新闻价值。例如，对于中美燕麦协会在桂林召开交流会这样的新闻，媒体是不会放过的；巴马召开养生讨论会，探讨中国老龄化趋势下，旅游养老模式的未来方向，媒体会主动上门。这样，对扩大品类认知，是有极大好处的。

最后，行业协会对品类价值的集体传播，会极大地唤起消费者对品类的需求。

有一段时间，在中国奶业协会的号召下，伊利与蒙牛联合宣传了“草原奶”的概念，这样的宣传，使得人们对“草原奶”产生了需求；云南普洱茶行业协会对普洱茶的传播，可谓不遗余力，现在，稍微懂点茶的人，都以收藏一饼普洱茶为荣。如果广西的蕉农成立香蕉协会，定期对外发布信息；如果山西果农成立山西苹果协会，在外地巡回展销；如果新疆葡萄干有个协会，在各地设立总代理；如果西藏的牦牛奶，有个协会经常搞活动，则大家的需求会迅速增长……

成立一个行业协会，手续与流程并不难。

【案例】

成立行业协会的条件和流程

行业协会是指从事相同性质经济活动的经济组织，为维护共同的合法经济利益而自愿组织的非营利性社会团体。行业协会成立分两个阶段：

一、行业协会筹备成立

（一）行业协会申请筹备提交的材料

1. 筹备申请书

其内容包括：

（1）成立该社会团体的必要性及可行性。

（2）社会团体的宗旨和业务范围。

（3）社会团体的活动地域及活动方式。

（4）活动资金和经费来源渠道，地方性的社会团体须有3万元以上活动资金。

（5）社会团体拟发展的会员及分布情况。

申请人向登记管理机关提交的筹备申请书须有主要发起人或者发起单位签名盖章。

2. 办公住所使用权证明

申请筹备的社会团体主要办事机构所在地为住所，如住所房屋是自行购买的，应提供产权证明，如是租用的，应提供租用合同等使用权证明。住所的产权证明或者使用权证明应包括使用期限、面积、住所地址、邮政编码及联系电话等内容。

3. 验资报告

验资报告是证明申请筹备的社会团体活动资金状况的文件。验资报告应由法定的社会验资机构、会计师事务所出具。

4. 发起人（发起单位）和拟任人的基本情况

必须有8家以上发起单位。发起人和拟任负责人的基本情况包括工作简历、身份证明、身份证复印件（拟任负责人是指拟任社团会长、副会长、秘书长。涉外人员不能任主要负责人）。发起单位需提供本单位简介、营业执照复印件和近两年经营情况证明。

5. 章程草案

行业协会章程请按《行业协会章程示范文本》规范。

章程范本请在“民间组织网表格下载”栏目中下载。

6. 拟会员名册（50家单位会员以上）。

7. 填写《筹备成立社会团体申请表》（一式两份）。

（二）申报受理

（1）由发起人持上述全部文字材料，报请社团登记管理机关批准筹备成立。

（2）社团登记管理机关自收到申报筹备成立的全部材料之日视为正式受理。

（三）筹备成立审批

登记管理机关自正式受理之日起20日内作出批准和不批准的决定。

在此期间：

（1）登记管理机关将审查申报材料的真实性和合法性，包括对申报内容的实地考察并召开主要发起人座谈会了解情况。

对下列情形可作出不批准筹备或终止筹备的决定：

- 申请筹备社会团体的宗旨、业务范围不符合《社会团体登记管理条例》第四条的规定的，即违反宪法、法律、法规和国家政策，反对四项基本原则，危害国家安全和民族团结，损害国家利益、社会公共利益以及其他组织和公民的合法权益，违背社会道德风尚；利用社会团体名义从事非法经营活动牟取利益，扰乱经济秩序。

- 在同一行政区域内，已有宗旨、业务范围相同或基本相同的社会团体，没有必要成立的。

- 申请筹备社会团体的发起人、拟任负责人，正在或曾经受到剥夺政治权利的刑事处罚，或者不具有完全民事行为能力的。

- 申请筹备的社会团体弄虚作假，使用假材料、假证明欺骗登记管理机关的。

- 有国家法律、法规禁止的其他情况的。

（2）履行内部审批程序。

（3）作出审批决定，对未批准的由登记管理机关向发起人说明理由并正式行文通知发起人；批准筹备的，自接到登记管理机关正式批复之日起6个月内完成所有筹备工作（召开会员大会或者会员代表大会，通过章程，产生执行机构、负责人和法定代表人，并及时向社团登记管理机关报告筹备完成情况）。

行业协会发起人在接到登记管理机关准予筹备决定后，还应当在一个月内，通过报纸和网站向社会发布筹备公告，并接受同行业经济组织的入会申请。

二、成立阶段

经登记管理机关批准筹备成立的社会团体，自批准之日起6个月内召开会员大会或会员代表大会，通过章程，产生执行机构、负责人和法定代表人，向登记管理机关申请成立登记，领取并填写社会团体法人登记表、社会团体章程核准表、社会团体法定代表人登记表、社会团体负责人备案表。

（一）申请成立登记社团时提交的材料

1. 申请成立登记申请书

2. 会员大会或会员代表大会会议纪要

3. 会员大会或会员代表大会通过的章程（一式两份）

4. 会员名册

行业协会的会员不得少于50家。

5. 专职工作人员情况

6. 办公住所证明

7. 填写有关表格（行业协会一式两份）

（1）社会团体法人登记表。

（2）社会团体法定代表人登记表。

（3）社会团体负责人备案表（负责人指会长、副会长、秘书长）。

（4）社会团体章程核准表。

8. 筹备公告复印件、填写《社会团体监事备案表》

9. 登记管理机关认为应提交的其他文件

（二）受理社团成立登记审查的时限

自收到完成筹备工作社会团体申请成立登记的全部有效材料之日起，登记管理机关应当在30日内完成审查工作。对于符合要求准予登记的，发给《社会团体法人登记证书》。对于因筹备工作不符合要求或因其他问题不予登记的，要将不予登记的决定通知申请人，并说明理由。申请人对不予登记的决定不服，有权申请复议。

三、收费标准

（1）申请费每件10元。

（2）社团成立登记费每件90元（含证书费）。

四、相关政策法规

(1) 国务院《社会团体登记管理条例》

(2)《××省行业协会条例》

(3)《中共××省委××省人民政府关于发挥行业协会商会作用的决定》

第二招　制造“品牌之争”，扩大品类需求，共同做大蛋糕

小时候总有个别小哥哥欺负小弟弟、小妹妹，大人们总以为这孩子喜欢以大欺小，后来学了心理学，才知道这是孩子们为了吸引大人注意力而采取的下意识行动。

前些年，发现很多港台明星一会说退出歌坛，一会又在哪弄个绯闻，一会又出来做慈善，心想这些人怎么这么爱折腾！

我们还有一些发现，比如，一开始某个角落只有一个水果摊贩在那卖水果，过几天，那里卖水果的人慢慢多了起来；一开始，某条街只有一家服装店，过一段时间，什么卖女装的、男装的、童装的和外贸转内销的，如雨后春笋似的开了起来，你再仔细观察一下，开餐馆的是不是也是这样？更奇怪的是，你也习惯去那买水果、买服装、请客吃饭了。

现在，走入任何一家超市，琳琅满目的商品，数得上来的品牌都有成千上万个。除了偶尔看到广告的那几个，其他的东西，你很少去买。为什么？因为除了饥饿与睡眠是刚性需求，你很少知道自己确切需要什么，除非家里确实缺少某个常用的东西。

我们想一下，这些现象对我们加快品类发育有没有启发？在我们的消费者心智里，是不是也该有个地方，需要我们像小孩子打架、明星闹绯闻、店家扎堆一样，需要品类的几个品牌来折腾一下？

其实，可口可乐与百事可乐上百年来就是这么干的，因为两家的市场拼杀，可乐这个品类，才得以长盛不衰。你再看看麦当劳与肯德基，双方并不反对对方就在隔壁或者对门开店。蒙牛跟伊利一直在超市里抢地盘，结果两家越做越大，因为“草原奶”在消费者心智中的位置慢慢也在扩大了。

第一品牌与第二品牌一打架，产生两个效应：一是把品类蛋糕做大了；二是把第三以后的品牌挤出了市场。

反面的例子，如柯达把富士“干”死了，也加速了胶卷产业的灭亡；旭日升冰茶不肯开放“冰茶”品类名称的共享，结果自己进了历史博物馆。其实它当年已经是易拉罐冰茶品类的第一品牌了，现在拱手让给了 PET 瓶的康师傅和统一。

现在，国内比较热闹的商战就是王老吉与加多宝，我们在观察他们的智慧。如果他们是真打，那就是傻瓜了；如果他们是制造热闹，吸引对品类的关注，保持并扩大人们对凉茶品类的需求，那就是大智慧。谁是正宗，谁是弱者，都无所谓，他们俩打起来，可乐的销量下去了，民族企业得到了发展壮大。

同样，如果方便面企业不注意品类的竞争性保护，第一品牌与第二品牌不制造一点热闹，则油炸方便面这个品类慢慢就会被非油炸的品类所取代。如果以农夫山泉为代表的天然水品类，不制造一点动静，听任恒大冰泉的挑战置之不理，“地表水”很快就会被“地下水”取代。

中粮集团把很多竞争品牌一起并购了，如原来竞争激烈的三大国产葡萄酒品牌，现在变成和和气气的一家人，您觉得国产葡萄酒品牌与品类的竞争力是增加了，还是减弱了？需求是增加了还是下降了？

【案例】

皇氏乳业与壮牛乳业的水牛奶老大之争

在皇氏乳业上市以前，相信很多人没有听说过水牛奶。

在壮牛乳业宣称自己是水牛奶老大，专做水牛奶之前，皇氏乳业也没有特别关注水牛奶。直到皇氏乳业以中国水牛奶行业领袖为题材，成功上市了，这个发生在十万大山南疆边陲水牛奶品类的第一品牌之争，才慢慢浮出水面。

好在两家企业的老板黄嘉棣与农天懂是好朋友，都很有智慧。

大家不约而同一起宣传水牛奶的价值。水牛是苏联切尔诺贝利核电站事故中，在辐射圈内唯一活下来的动物，其免疫力世所罕见，水牛奶的营养价值奇高。

大家不约而同一起宣传广西奶水牛的稀缺性。水牛以前是用来耕地的，现在要用来挤奶，必须经过品种的改良，而这种改良的技术与能力，全中国就这两家企业具有。

大家不约而同一起开发市场，承认对方的“势力范围”，很少“捞过界”。

总之，在“草原奶”大兵压境，在“黑白花”牛奶一统天下的局势下，两家企业友好、理智、有序的第一、第二品牌之争，扩大了“水牛奶”总品类的市场生存空间。当然，这种生存空间，是消费者对这个品类的认知、认同和需求在扩大。

虽然水牛奶在全国乳业的大品类里还处在发育阶段，但是两个品牌照此良性竞争下去，水牛奶一定成为一个区域性的，具有强大生命力、竞争力的高端牛奶大品类！

我们很为一些只有老大品牌，没有老二品牌的品类担心，比如核桃乳、黑芝麻糊。

我们也很为一些温文尔雅的品类着急。比如燕麦食品，“西麦燕麦”跟“桂格燕麦”，它们干吗那么斯文，不找点“事”打点“架”，让广大消费者对西方的主流食品——燕麦食品的品类价值，有更加深入的认知呢？那样爱上燕麦的人，就会越来越多！

因为，如果不通过品类内部的品牌之争，把品类的总需求蛋糕做大，则品类的总需求，就会慢慢地被其他需求所替代。人们习惯了数码相机，就不会再买柯达胶卷了；有了苹果手机，2000 元左右的低端卡片式数码相机，也边缘化了。因为，每天都有新的品类在发育壮大，来勾引消费者的需求。你在睡觉，别人一刻也没有闲着。

这个品类的老大之争，需要高瞻远瞩的大智慧！

第三招　为功能诉求取得“信任状”

业界有句俗话叫做：“金杯银杯不如消费者的口碑。”这句话听上去似乎很有道理，但是你要真的相信这句话并准备采取行动时，你会发现根本无从下手。因为，当今世界信息量太大，商品太多，消费者被太多的厂家盯住。他们虽然不是主动刻意地见异思迁，但是也根本无法让自己忠诚于一个品牌，还去传播口碑。

如何给牙膏制造旺季?

人们在无法论证浩如烟海的信息时，需要有一个值得信任的机构给予商品某种肯定。如果一类产品，没有获得这样的肯定（如转基因大豆），那这个品类的发育，肯定大受影响。

在三鹿事件以后，已经没有任何一家机构愿意对品牌做出承诺（三鹿曾经是全线、全品项免检产品）。但是，这些很愿意为企业服务的机构们，可以对某种可检测、可检验、可以确信对他们自己没有负面影响的产品某个具体功能做出正面的确认，这就够了！

我们做大品类的第三招，就是要对品类的某一认知、某一需求，请官方、半官方的机构，做出毫不夸大、实事求是的肯定。有了这样的肯定，消费者心里就踏实了。

【案例】

高露洁与全国牙防组的往事

由于时代的进步，今天高露洁已经不需要全国牙防组来认证自己的“防蛀牙”功能了。但是，在长达10年的过程中，高露洁的所有广告就是诉求这句：“全国牙防组认定，高露洁可以有效预防蛀牙！”

有朋友问：

（1）高露洁的广告为什么不使劲宣传“高露洁”品牌，而去宣传品类的功能？

（2）高露洁为什么宣传牙膏有防蛀牙的功能，不怕别的品牌一起沾光？

（3）高露洁为什么要找到一个全国牙防组这样的组织，而不是直接在广告一开始就讲自己的牙膏可以“防蛀牙”？

作为一家外资公司，他们对营销原点问题的理解，领先我们不只100年。

牙膏，我们用来刷牙，其实主要是清新口气、清洁口腔、清洗牙床上的隔夜分泌物、食物残渣等，没有人注意到刷牙与蛀牙之间的关系，虽然不刷牙生蛀牙的可能性会大大增加。但是，高露洁放大了这一需求，就像海飞丝放大了头皮屑问题，飘柔放大了柔顺问题一样。这样，通过教育认知"放大问题"，扭转消费者的历史认知，勾起了消费者的需求。

品类的功能谁先讲，消费者就认为这个功能是该品牌独有的。

事实上，所有的纯净水都经过27层净化；所有的酱油，都要晒足180天；所有的核桃乳，都会有益大脑；所有的凉茶，都可以去火，但是，消费者记住了乐百氏、厨邦、六个核桃、王老吉。所以，高露洁一点也不担心自己的品类功能宣传是为同类服务，相反，它抢先传播了这个功能之后，同类品牌就不好再来说这个功能了。桂格说了燕麦"降血脂"的功能后，西麦就只好说"肠胃舒服"了。

最后，深谙消费者心理的高露洁祭出撒手锏——为品类功能建立"信任状"。这时，一个不为人知，但是听起来又像那么回事的全国牙防组出现了。

同样的手法，有"黄金搭档"的全国营养协会；有蒙牛的"神×上天"航天员专用牛奶；有茅台酒的1915年在美国加州巴拿马万国博览会获得金奖的"民国往事"。

直至今天，这样的做法不但没有过时，反而要更加付诸努力去实施。原因很简单，今天的信息太过庞杂，用信息爆炸来形容，一点也不过分。在复杂的信息面前，消费者必须为自己寻求一个简单的思考捷径，而信任状，就是这个捷径的载体。

各位读者，为你的产品功能找到这样一个信任状，则它在消费者心智中的认知、功能、需求就获得了"保证"，消费者思考的时间就大大缩短，品类做大的机会就大大增加了。

第四招　从一开始就把品类与品牌名紧密结合

同样是马云旗下的网站，阿里巴巴和淘宝取了两个截然不同的名字，对应着功能不同的品类：阿里巴巴对应 B2B，淘宝对应 B2C、C2C。如果从传播的角度看，这两个品牌名都有其精妙之处。

阿里巴巴，取自阿拉伯的传说。阿里巴巴的“芝麻开门”，寓意叩开财富之门，适合商家互相联络，叩开彼此的业务之门，这将 B2B 业务品类的特质进行了传神的表达。

淘宝，取自网络语言。女人爱逛街，爱淘自己喜欢的东西，而网店隐藏于全世界各个角落，人们没有时间去“淘”遍全世界，但是可以从互联网上满足这一人人心中隐藏的“淘宝”需求，这正是 B2C、C2C 业务的乐趣所在。

从品类的营销原点问题看，淘宝的品牌名称与品类的紧密结合，是扩大品类需求、加快品类发育的绝妙手笔、传神之作。后来的赶集网、搜房网，有异曲同工之妙，但是其他的很多不知所云的网站名，就不敢恭维了。

消费者在产生购买行为时，以需求为动念，以品类作思考。在他有了需求的动念之后，你却在他做品类思考的时候，给他打哑谜，绕弯弯，不知道你是花别人的钱做广告，还是不知道消费者站在货架前，思考 5 个原点问题的时间其实只有几秒钟。在这几秒钟的关键时间里，你不科学设计好一个恰如其分的、最能反映品类功能的名字（最好品类、品牌合二为一），却一厢情愿地取很多很古怪、很自以为是、很自娱自乐的名字，你就走着瞧吧！

【案例】

从云南白药到云南白药牙膏

云南白药，无疑是一个著名的“品牌”，同时，云南白药无疑也是一个发育成熟的伤科中药材“品类”，具有止血功能。但是，人们在和平年代受伤的机会并不大，平时用到云南白药的机会也并不多。那么，如何扩大现有品类的需求，或者通过品牌与品类功能的延伸，进入新的大品类？

如果是普通的品牌策划公司，甚至以“品牌为王”理论为依归的4A公司，都以为这是一个简单的取名问题。但是，我们从营销的5个原点问题来进行剖析，发现里面大有文章：

（1）认知基础：在人们心智中，云南白药是止血止痛的“伤科特效药”。

（2）需求基础：人们在出现外伤出血、内伤淤血的时候，会需要云南白药。

（3）品类发育度：在中医药的品类里，云南白药已经发育成熟，那在其他品类里面呢？

（4）品牌地位：在同类传统伤科药里，是第一品牌；在其他现代剂型里，如喷雾剂、胶囊、酊剂、膏剂型里面，就不一定是第一品牌了。

（5）价位与价盘：如何在新的品类里，获得较好的静态驱动力与较大的动态驱动力空间？

我们受伤的机会较少，普通的外伤多半是运动中的刮擦，户外活动中的意外损伤。除此之外，我们还会有什么机会出血呢？

对了，我们经常牙龈出血！

这样一个可以满足日常消费的新品类呼之欲出：防治牙龈出血的止血牙膏！

为了加快这个新品类的发育速度，我们必须将消费者心智中已经沉淀的“云南白药”历史认知全部嫁接过来，以“勾引”防治牙龈出血的新需求。这样新品类的消费机会就大大增加，品牌名也必须一起嫁接过来，定价要高于普通的日化药膏与中草药牙膏！

我们可以思考一下，一个好的新品类名，最好与品牌名合二为一，而且，一定要继承原来历史积淀的品牌认知、品类功效需求，一定要把品类从狭小带到广阔，从小众带到大众，从沟里带到河里，再带到海里。

明白了这些名字背后的动销原理，我们就再也不要草率地取名字，再也不会自以为是、简单地取个听起来洋气、读起来顺口，但是对动销毫无促进作用的“有创意”的名字了。

如果，您是南方黑芝麻糊、维维豆奶粉、智强核桃粉、白猫洗衣粉、杉杉西服、格力空调、恒大地产、加多宝等现有品类第一品牌的老板，您打算进入像“云南白药牙膏”这样新品类市场的时候，如何取名，以迅速加快品类的发育度？

第五招　用“赛马”而非“相马”的思维打造大单品

二八原则，在 20 多年前的中国营销界还是比较新奇的概念。现在，一个普通的管理学大学生，都知道它的理论内涵与实际意义了。

企业内部的研发人员最喜欢、最乐意干的事，就是为老板提供层出不穷的新产品，美其名曰“系列产品”。

基层的营销人员最爱挂在嘴上的口头禅就是：“我们公司的产品太单一了，要系列化!”

一些没有在企业真正操盘过的“策划家”，也抛出所谓的“阶段论”，认为企业在某某阶段，可以产品多元化，品类多元化。

用“赛马”而非“相马”的思维打造大单品!

真正读懂“二八原则”这四个字以后，我们知道，企业任何时候任何阶段都必须把资源集中聚焦在自己的核心竞争力上。这个核心竞争力，在心理层面表现为在所在品类中，你是“品牌第一”的地位；在物理层面表现为，在某一品类里，你的核心产品是一个贡献全公司

80%利润的大单品！

那么，这样的大单品，如何产生呢？

【案例】

光明乳业莫斯利安如何脱颖而出

光明乳业即使在乳业内，也是一家受人尊敬的、比较理性的公司。

我们前面开玩笑说，某个品类里，品牌老大跟老二一打架，把老三给挤出市场了，这确实不少见。在市场上当老三（品类的第三品牌），是比较憋屈的。蒙牛、伊利一开打，光明乳业这个老三的市场空间，就被挤压在长三角华东地区了。

在消费者的心智中，光明乳业是一家以做巴氏奶为主的公司，以酸奶为主。表面上看，巴氏奶（巴氏灭菌，一种灭菌工艺）运输半径有限，上柜、消费时间短，因此企业必须生产品种丰富的产品，来充实有限的市场空间。我们记忆中的光明牛奶，有屋顶包、玻璃瓶、利乐包、纸杯装、纸塑杯等，但是很难马上跳出一个代表品种。

蒙牛就不一样了。早期“超女”的时候，我们知道有酸酸乳，现在，我们知道有特仑苏。伊利也是一样，早期有优酸乳，现在有金典。那么，光明乳业如何在上百个品种中确定一个可以代表“酸奶”品类的大单品，让光明乳业可以走出上海，走出华东，走向全国，与蒙牛、伊利三分天下呢？

这时，一个不起眼的新品，无意中异军突起，这就是——莫斯利安！

莫斯利安，这是一款不用放冰箱的常温酸奶。它给光明乳业带来的品类突破价值就是，它是酸奶，而且保质期长，可以不放冰箱，因此可以走向全国，与蒙牛、伊利“掰手腕”！

莫斯利安的出现，并不是“相马”产生的，而是“赛马”产生的。

据光明乳业内部的朋友介绍，这个“不用放冰箱的酸奶”原来是放在某个纸塑杯包装的，后来经过试销，发现纸塑包装的密闭性不好，经常漏气。于是技术人员试着用闲置的“利乐钻”包装来进行试装，试装后密闭性问题解决了，试销后，市场居然反应很好！

理性而决策迅速的高层对这款产品产生了注意力。他们对这款产品进行了各种苛刻的测试，有品质测试、口味测试、经销商积极性测试、消费者价格测试、包装的设计测试、广告概念测试，等等。

大约半年左右的时间，这款不用放冰箱的酸奶，从光明乳业几百个让人眼花缭乱的品项中脱颖而出，就像赛马场里的黑马，已经一马当先。是黑马，就该加点好的草料，经过两年多的市场培育及市场资源倾斜性的投入，这款产品已经成为光明乳业挑战蒙牛、伊利的大单品！

寻找大单品，是很多企业家深为苦恼的事情，其实，从原点问题出发，还是有迹可循的。

（1）认知基础：“光明 = 酸奶”，光明乳业就是做酸奶的，这点深入人心。

（2）需求基础：亚洲人对酸奶的心理需求超过了纯牛奶，尽管销量还有一定距离。

（3）品类发育：酸奶是成熟品类，不用放冰箱的常温酸奶是半新的，光明乳业没有最先抢占这一品类定位。

（4）品牌地位：光明乳业就是中国酸奶第一品牌，这里有法国达能的功劳。

（5）价格策略：光明乳业的 12 盒装，作为走亲访友的伴手礼，价位与特仑苏、金典处于同一价格带。在华东地区，这一价格带是比较成熟的。

懂得了这些原理，我们就可以辨别什么产品是真正的“黑马”，才不至于被短暂的、局部的一些假象所迷惑。

我们再来把品类发育度与大单品的辩证关系小结一下：要想加快品类发育成熟，必须打造大单品；要想打造大单品，必须让产品进入一个大品类。

【第四章】

做品牌的3种传播方式和3个误区

品牌，是消费者购买决策时，5 个原点问题中的第 4 个问题，但也是非常关键的问题。

因为，消费者的认知是下意识历史形成的，需求的动念是在认知的基础上，受外界信息的刺激产生的、不确定的，如很多人会为中午吃什么大费脑筋。品类概念的出现，极大缩短了消费者理清自己需求的时间，如中午吃火锅、湘菜，还是川菜；在同一品类中，谁家的品牌靠前，谁就基本胜出，例如在北京寻思去哪吃火锅，海底捞就一下跳出来了。

由此可见，品牌的排名，决定“花落谁家”。而事实告诉我们，消费者购物的“绣球”，通常是抛给第一、第二品牌的，第三品牌基本没有多少机会。因此，如何花好做品牌的那点钱，就成了企业家心头放不下的大事。

动销原点的原理告诉我们，做品牌，我们的广告内容一定要坚持以下 5 项基本原则：**“从认知出发，紧扣需求，突出品类，强调品牌排名，暗示价格实惠。”**

第一条　避免讲正确的废话

在每次培训中，我们都会问：“今天，看了当地《××日报》的同学请举手。”

结果发现，除了关心国家大事的有限几位，一般人已经很多年没有看也不订阅《××日报》了。因为，这样的报纸，通篇看下来，讲得都很正确，但是你一点也记不住。

如果你的品牌广告也这样做的话，财政局会给你钱吗？

不要以为外国的月亮就比中国的圆，不信我们来看案例。

【案例】

诺基亚，科技以人为本

不久前，在诺基亚高管团队宣布解散的会议上，本届 CEO 一脸无辜非常委屈地对全球的记者说：“我们做错了什么？我们尽力了！”

他们没有做错什么吗？我们看看他们这句在中国 CCTV、各种 TV 上长年累月地砸了多少亿元的广告语！这种在一些报刊经常见到的空洞口号，诺基亚也入乡随俗，不惜血本。我们在营销传播上，把这样的口号，称之为**“正确的废话”**。

因为中国人深受儒家文化影响，都有“以天下为己任”的情怀，卖个花生、生产个饮料，如果仅仅吆喝一下产品，企业家觉得很俗很没有档次，一定要跟“强大国家，强壮一个民族”扯上关系。

今晚就打开电视机，拿出纸笔记录一下，你会发现，像这样自己觉得很正确，消费者一点也记不住，广告费烧完了，产品趴在货架上一动也不动的广告，占到总播出量的 70% 左右。

不过，竞争对手愿意烧钱让他烧去，你得把你的广告改过来，怎么改？

想一下，广告的 5 个基本原则。看一下，红牛、王老吉、六个核桃、南方黑芝麻糊和极草这些企业的广告是怎么做的。

我们再回过头来，分析诺基亚。

科技以人为本，应该是国家科技部的口号，就像我们各地政府大院一进门的山墙标牌是“为人民服务”。

诺基亚的产品在消费者心智中，是一个什么样的认知，它对应了什么独特的需求？它在品类细分上，与苹果、三星甚至 HTC 相比，有什么差异化价值？它的品牌传播输出，如何去表达这种价值？它的产品与苹果、三星比起来，有什么性价比的优势？在暑假档期，有什么独特的吸引人的主题活动？

诺基亚不能拿欧洲那一套在中国市场传播，也不要以为品牌占据了道德或者情感的高地，品类的差异化价值就能为消费者所接受。消费者需要一个可以记得住的具体的购买理由，这个理由既要表达具体准确，又要精妙无比，一说，他就记住了。

但是，千万不要把肉麻当有趣，把恶俗当艺术。比如，湖北某靠近重庆的县城，给自己城市定位的广告输出语就是："我靠！重庆！"另一个"异曲同工"，不知道如何能够过五关斩六将，一路通过工商局、宣传部、市政府办公会议，并且发布了不短时间的城市广告，是大家热议一时的江西某城市的广告："××，一座叫春的城市！"

总之，广告能让人记住，你就成功一半了，接下来你还要让他动心——让他产生购买欲望。

第二条　避免讲优美的废话

好记的广告很多，看了让人立即产生好感及购买欲望，想马上去达成交易的广告却很少。这是因为我们通常又会犯第二种错误："大讲优美的废话！"

这一类广告，在文化类产品、女性产品中，如茶叶、化妆品、美容护肤品中尤为突出。

【案例】

从海澜之家到惠之林

在风景如画的桂林，有一家很成功的女性日用品及化妆品连锁店，叫做惠之林。其直营店已经开到40多家，但是也面临新的竞争形势：线下有屈臣氏等强势连锁品牌进入桂林唱对台戏拼抢顾客，线上有各类淘宝店在分流很多客源。

惠之林董事长蒙裕平在找我们之前，也找了很多策划公司来解决连锁店的形象定位问题。这些公司也提了很多诸如“美丽的邻居，爱美女人的伙伴——惠之林”、“身边的化妆师——惠之林”之类的广告输出语。

平心而论，如果不认真思考营销原点问题的话，这些优美的广告，看上去已经很不错了，单从创意的角度评价，打个七八十分已经不成问题。

但是，我们从营销的5个原点问题一思考，就梳理出了问题的关键：店铺的营销原点问题最后表现为三个核心的数据——“客流量、客单量、客单价”，而客流量是压倒一切的核心，就如同GDP对一个国家、升学率对一个学校的重要性一样。

女性用品店铺的客流量，受天气、节庆假日、工资发放日期，甚至街边绿化及人行道路况的影响都很大，其他的如店内产品的丰富性、价格的优惠程度、装修的时尚度和橱窗的优美程度，更不用说了。

我们该如何去伪存真，拨开迷雾，为惠之林的品类定位、品牌形象进行传播输出，以解决客流量的根本问题呢？

我们分析一家店铺的客流来源：第一是周边××平方公里的女性固定住户，第二是逛街走店随机进入的“散客”，第三是慕名而来的定向购买客户。

这三类顾客里面，随着商铺的位置不同，比例各不一样。但是，我们必须给出一句共同的口号，让所有的女性客户看到、听到之后，都能够自觉地、下意识地提醒自己：“哎呦，是时候去惠之林逛逛了！”

还记得那句让你感觉奇怪的店铺品牌广告吗？“每年逛两次海澜之家，×××××”！男人视逛街为畏途，每年逛两次，就让店铺能够保持足够的客流量了，那是因为男性产品的客单价、客单量高。

新好男人标准：每周陪老婆逛两次惠之林。

我们不能简单照抄这样的广告，如同你无法简单模仿“劲酒虽好，不要贪杯哦”一样，我们理解了这个方向，接下来的创作问题就迎刃而解了！

第三条　避免讲自己觉得好，别人不知所云的废话

我认识一个著名的词作家，为很多大型庆典活动、大企业、大机构创作过庆典歌曲。因为名气大，收费不低，而且出手还非常快，通常款一到账，第二天就交稿了。

名人爱炫耀，何况在心中长久保守住一个秘密是一件很折磨人的事。于是，一次在朋友家中聚会，酒酣耳热之际，他向我透露了他作词"高产"的秘密，他说："老余，你知道作词这活，也是有 skill（技巧）的，我有歌词三百句，任尔东南西北风！"

让一个人进一步展示他心中秘密的技巧，就是要装作不信的样子。看我将信将疑，他唯恐我不信，就掏出一本贴身的笔记本，上面果然写满了诸如"壮丽的诗篇"、"腾飞的梦想"、"跨越新时代"、"爱洒满大地"、"宏伟的未来，伟大的篇章"之类的短语。这些短语一拼凑、一组合，加上一些应景的词句，一首大气磅礴的庆典歌曲就诞生了！

受这个启发，在一个房地产广告创作培训班里，我列出了房地产广告的 3 个关键"字"，半个小时培训出了广受欢迎的三十几位房地产广告"精英"。

这 3 个关键"字"分别是："豪"、"尊"、"享"！我要求大家半个小时内，用上这 3 个关键字，写出自己所服务的楼盘广告。果然孺子可教，大家一开窍，交上来的广告语基本上达到了我们司空见惯的"不知所云"的庆典歌曲水平："富丽华庭，独家尊享！"、"江景豪宅，尊贵独享！""豪者近山，尊者乐水！""城市 CBD，无敌尊者之选！"……善哉，罪过！

由于我国还处在城市化的关键阶段，农业人口比例还高达50%以上。我国居民每年以“农村进乡镇，乡镇进县城，县城进三、四线城市，三、四线进大城市、大城市进北上广深”的阶梯式、脉冲式方式，源源不断涌进上一级城市，形成对房地产业巨大的刚性需求。

这时只要你的楼盘地段过得去、质量没有负面消息，你的广告就是再不知所云，也无伤大雅，你只要标注好你的地址就行了，甚至楼盘叫“万科”还是“恒大”什么的都无所谓，只要是房子就行。

如果是以5个营销原点问题去思考，房地产广告完全可以做得既能尊重“认知”、切准“需求”、表达出“品类”价值的差异化，又能给“品牌”以居住文化内涵，当然还能掩盖“价格”暴涨带来的负面影响。但是，快速消费品就没有这么幸运了。

快速消费品面临的是最广大的群众，面临的是最虚无缥缈的需求，面临的是散落在各个角落、各怀心事、“家家都有本难念的经”的普通消费者。对他们，正确的废话、优美的废话、不知所云的废话都是烧钱的把戏——没用！

快速消费品的广告必须直接表达“特、优、利、例”，每秒钟的广告费必须拿回20倍的销售收入（5%的广告费黄金比例），必须得把经销商的库存快速消化，以免形成中间环节的“堰塞湖”。这样的广告，也许不美，但是必须有力，必须有效，哪怕恶俗！

【案例】

今年过节不收礼，收礼只收脑白金

“今年过节不收礼，收礼只收脑白金。”这句史玉柱自己十分得意，专家们深恶痛绝的“恶俗”广告，已经播出整整15年了。

那几年，每次去上海打浦路1号金玉兰广场25楼，与美女CEO刘伟的话题都离不开这个“15 年如一日”的“恶俗”广告。

刘伟的回答让我们很长见识：“老余，你不要以为每个中国人都看过这个广告，全国最火的 CCTV－1 的收视率才 2%。直到今天，脑白金的广告还有 50% 以上的人没有看到过，更不要说看了广告记住了，记住广告去买了，买一次觉得有效回头买第二次的。史总给我们的任务就是，哪年媒体不批评我们的广告“恶俗”了，我们就要挨他批评；哪年我们广告不被评为十大“恶俗”广告了，我们就要被评为十大落后员工！”

这表面上看，是史玉柱先生对传播的独特理解，其实是对动销的 5 个原点问题的深刻解剖与把握。我们简单地分析一下。

认知上，脑白金是一个老年人的年轻态健康品；需求上，能够满足普通的亚健康状态下的老年人失眠、肠胃不适的常见保健需要；品类上，由于特殊的礼盒包装，脑白金成了一个孝敬老人的日常礼品；品牌上，脑白金是脑黄金之后，巨人集团东山再起孤注一掷的主要品牌，一下把 20 世纪 90 年代脑黄金的品牌积累转接继承了过来。

比脑白金稍早，或者与之同时代的那些保健品，早就是明日黄花，而脑白金通过简单、直接、朴素、有效、有力量的广告，坚强地存活了下来，改写了保健品市场“各领风骚两三年”的历史。

我们回头再看红牛、王老吉的广告，明白其中的 5 个动销原点问题的精妙，不是一句广告语那么简单了吧！

第四条　选择 3 类省钱的传播方式

广告越来越贵了，尤其是电视广告。这是个看上去毫无道理的事，因为电视作为广告传播的主要媒体，其优势在日益下降：现在的电视机开机率（人们一忙起来就把电视当摆设，平时基本不打开），据说是每年以8%的速度下降，周一至周四的电视收视率，不到周末的一半；80%的80后、90后主要通过电脑、手机接收新闻信息；白领、知识阶层主要在上下班路上，听私家车的电台广播。而从中央到地方电视台的广告费用，每年都在以10%的速度往上涨价。

广告不是万能的，但没有广告是万万不能的！

对于快速消费品的动销，“广告不是万能的，但是没有广告是万万不能的”。很多企业就吃亏在这里。

广东潮汕地区有一家很有潜力的燕麦企业，在20世纪90年代起步的时候，完全可以像维维豆奶、智强核桃粉、南方黑芝麻糊一样，通过当年性价比较高的广告投入，占据品类第一品牌地位，为以后的心智竞争打下雄厚的品牌记忆基础，但是这家企业由于受“终端为王”的营销思潮影响，却把大量的资源投放在终端：买货架、上导购、做促销。

这种“不做广告，只抓终端”的做法，在当年的潮州地区非常普遍。这种操作模式，短期内似乎是吹糠见米，风险可控，效果明显，但是消费者对于燕麦的认知没有扩大、需求没有强化、品类发育不良、品牌地位不牢靠，价格也没有多大的调整空间。近几年来，果然恶果显现。全球燕麦食品老大桂格燕麦在中国市场再次发力，这些当年不舍得打广告的二线品牌，纷纷败下阵来。这时候才知道“口碑是没有用的，广告才有用”，另一种说法是某电影里的一句台词“口碑只是在你们村有用，广告在全国有用”！

潮汕往北一山之隔的福建食品企业群，就尝到了做广告的好处。福建商帮也十分精明，他们做广告的操作手法，值得我们作为案例来分享。

【案例】

福建食品企业群是如何做“省钱”广告的

当今超市里面的食品货架，已经一半以上是福建食品企业群的天下，这得益于他们超前的品牌投入意识与务实的广告投放思想。

福建人是如何投广告的？

第一招，如何有效地投放CCTV——3个月黄金时间密集投放加周末栏目全年覆盖！

他们的做法是，请个大明星，拍条内容有销售力的广告片，然后集中火力，在最适合产品频道的黄金时间，密集投放3个月（儿童食品就投少儿频道，女性产品就投电视剧，男性产品就投体育频道，等等）。这样高密度投放，往往在一段时间内，能迅速建立起品牌知名度，极大地提高招商速度，快速用经销商的资金，完成产品初上市期的生产、销售，形成良性循环。产品的毛利空间，也足以消化前期的市场投入费用。

然后，他们聪明地把广告转移到一些热播的周末栏目，当年每周一次的《开心辞典》、现在的《星光大道》、《我要上春晚》等，都很受他们的青睐。

这些周末栏目，广告单价似乎贵，但是一个月才4次，一个季度才12次。由于周末的收视率比平时大幅提高，人们每到周末都能看到他们的广告“露脸”，加上前面3个月的密集投放，消费者甚至经销商都以为这家企业一直在CCTV保持着这样“不惜血本”的投入。

第二招，如何有效地投放地方台——15秒黄金时间加大量的30秒垃圾时间！

很多福建企业没有迅速建立起全国的销售网络，而他们在地方电视台的投入，也可圈可点。

他们的做法是：在地方台的黄金时间，长年保持一条15秒的广告。除了湖南卫视、浙江卫视、江苏卫视、山东卫视这样的第一阵线，普通的省级、地级市电视台的黄金时间广告，并不是很贵。他们的核心市场也是两三个省，做精细、做透彻。这样，每个重点市场所在地热爱家乡的当地人，每天都能看到他们的广告。

地方电视台还有个宝藏，就是在黄金时间之外没有纳入套餐的广告时段，有些是广告部统一管理，有些是由各频道、各栏目自主经营，这样的时段，称之为“垃圾时段”。但是，它在福建商人眼里，却是“黄金时段”！

很多精明的福建商人在黄金时段之外，会以低得令人咋舌的价格大量购买各电视台的低价时段。这些广告或者在白天上班的时段，或者在深夜无人收看的时段，会不厌其烦地出现。在你困了、累了，很无聊地打开电视机时，这些广告会冷不丁地就蹦了出来，给你一种无孔不入、无时不在的感觉。

而且，他们在垃圾时段投放的都是30秒的“完整版”广告。有些福建老板自己买的全年垃圾广告时间用不完，在淡季的时候，还会在“福建商会”的朋友圈里转手卖给老乡。至于加价与否，全看个人交情，在商言商，人之常情。

第三招，如何做县城、乡镇、村庄广告——三大法宝：横幅 + 墙体广告 + 楼层贴！

很多福建企业的产品，比如休闲食品、年节产品，在县城、乡镇甚至村庄的销量都很大。如何在这些地方有效地投放广告？

不忙的时候，我们不妨下县城、乡镇去看看。我们会发现，在某个县城的主要路口（现在也抓得紧了）、学校、居民区，特别是菜市场，会横空出现一条红底白字的横幅广告。

福建人对横幅有独特的理解：以前福建是抗击国民党的前线，村里经常挂出这样的红布白字的横幅。这样的横幅一出现，就给人一种巨大的来自官方的号召力，好像一场神秘的运动就要发起，给人山雨欲来的感觉。为什么不用黄字，而用白字？福建人说，黄字印在红布上，远了，台湾地区那边的人就看不见，白字远远的在金门海上都能看见——这就是智慧啊！

一个小县城，也就3个左右的菜市场，把菜市场的出入口全挂上横幅，也就6条。别看这6条横幅，一个月下来，整个县城的家庭主妇就都知道有这么一个大品牌的产品在她们县城畅销了！

掌握着全家财政大权的县城女人们，可以不上班，可以不旅游，可以不爬山健身，但是每天必定会去菜市场！而且，如果你的广告语写得好的话，她们会交头接耳地议论。

我们为皇氏乳业县城广告运动创作的广告语就是："本地人都爱喝皇氏牛奶！"

品牌这件事说说容易，一行动就要真金白银地花钱。别的事花钱好办，买块地花钱，无所谓对错，可能买的时候错了，过几年地涨价了；买台机器，有个实物在那，直接进入固定资产表了。而广告费，花去哪可以做计划，怎么花也是知道的，但是花得效果如何？如何花更加省钱？如果不是在企业里摸爬滚打了一二十年，深谙此道，对付社会上形形色色的媒介公司、代理公司、策划公司游刃有余的人，一般人是没有办法管好这摊子事的。

老板们集体的痛：**"我知道，我的广告费有一半是浪费的，但是我不知道是哪一半！"** 但愿这一章内容看下来，你有所触动，有所启发。

【第五章】

定好价盘与价位

价格，是动销5个原点问题中的最后一个问题。消费者进行购买决策时，头脑中一闪而过的5个问题中，前面4个问题，都是下意识的、快速的、完全凭感觉的，唯有价格问题，带有一些理性的思考，所以，在这个问题上，会有所停顿。我们看到消费者在货架前面，拿着产品仔细端详，表面上是在看产品说明，左看右看，拿起又放下，其实他是在心里比价。停顿的时候，他心里在想些什么，这才是我们要解剖与分享的关键。

我们无法，也没有必要去揣摩每个人心里在想些什么，本章分享给老板的是一种“由外及内”的价格思维。

老板们也都玩微信了，前天我微信上收到一条好玩的信息：“各位男同学参加各种陌陌、Q群、微信群活动要注意了，群里女孩很现实，你可以装穷……一个女孩让我介绍男孩，见面后大家相互很满意，告别时女孩直白地问：‘你月工资有1万元吗，否则免谈！’男孩委屈地说：‘我没有工资，我自己开的公司，每月8万元的交际费用，给了你1万元，剩下7万元我自己不会花怎么办？要不每月先给你5万元，我只留3万元？’”

我也真遇到过这种事。1994年大学毕业五年时，华南地区部分同学聚会，一个深圳同学得意洋洋地跟我说：“我这个工资每月涨到3800元了，你们广西的工资到600元了没有？今天聚会我来买单吧！”实际上，当时我在南方黑芝麻集团董事会做董事，兼品牌总监，月收入已经过两万元了……

这两个小段子告诉我们，价格绝对不是成本加毛利那么简单，这是典型的“由内及外”的思维，即只顾自己怎么想，就怎么说、怎么干。我们之所以把价格问题定为动销的原点问题之一，而且是放在上篇的最后一章来讲，是因为太多的老板在这个问题上犯了既简单又致命的错误。

我们制定营销战略时，需要一种“由外及内”的思维，这是5个营销原点问题所必须共同遵守的铁的法则。否则，你的战略肯定是错的，我敢保证！

第一条　价盘是静态的动销驱动力

南水北调，是解释价盘静态驱动力的最好的例子。我国的地势决定了西水东流，而想要南水北调，必须提高水的高度，然后让水带着势能，顺着水渠自动地流向目的地。

那我们如何在商业上，也建立起这样有静态驱动力的流通渠道呢？

【案例】

解密宗庆后的商业帝国

娃哈哈集团每年的销售收入很快就要突破1000亿元了，宗庆后说过自己直接发工资的营销人员，不足3000人。靠这么点人，娃哈哈这1000亿元的销售是怎么实现的呢？

我们再看看幕后的数据：“3000个娃哈哈营销人员每人管理10个经销商，这样宗老板就有30，000个经销商；每个经销商下面有10个商家业务人员，那他就间接拥有300，000个商家业务人员；每个商家业务人员，通过铺市、建网点覆盖100家小店，管理100个开店铺的小老板，那每天不用宗庆后发工资，但是勤勤恳恳、兢兢业业帮娃哈哈卖东西的小店老板就有30，000，000个；每个小老板每天帮宗庆后卖10元娃哈哈的东西，宗庆后每天就实现销售收入3亿元。一年365天，1000亿元就是这么卖出来的！”

这样的数据分析，你可能只是在传销课里听说过，但传销那是骗人的把戏，而宗庆后凭什么让这些不用自己发工资的人，能够“勤勤恳恳、兢兢业业”地每天为自己装货、卸货、铺市、上柜、导购，并且不择白天黑夜，不管刮风下雨？

两个字：价盘。

价盘的学术名称叫做“价格体系”，这个价格体系的梯级差，就是价格势能。如同南水北调一样，由于从出厂价到各级分销、二批、三批价，中间有利益空间，这个空间形成价格势能，价格势能静态地驱动整个营销渠道进行销售。

价格体系表面上与消费者无关，所以很多老板忽略了中间梯级差的设计，通俗地说，就是没有很好地考虑中间商的利益分配。这样一来，产品在出工厂后的第一步，就迈不出去，即使迈出去了，也磕磕碰碰、踉踉跄跄，根本谈不上与消费者见面。中间商的积极性一打折扣，你的产品连上货架的机会都没有。

那么如何确定一个各方积极性很高的价盘？

价盘的确定，要遵循“店大欺客”和“讨价还价”两大原则。

第一，“店大欺客”原则。如果你的产品“认知”度很高、“需求”很大、“品类”发育很成熟，又是品类里面的第一“品牌”，那你的价盘利益设计可以稍微压缩留给中间商的空间，把出厂价与零售价之间的利益留出来做广告，做主题推广，甚至用来打折去挤压竞争对手。

第二，“讨价还价”原则。如果你的产品是“初认知”期，“需求”还在“雾化聚焦”阶段，品类的发育还不成熟，品牌也是刚刚建立，或者是老品牌的延伸（如从云南白药，到云南白药牙膏；从南方黑芝麻糊，到南方黑芝麻乳），这个时候，就要遵循“讨价还价”的原则。

讨价还价，不是要你与对方直接就价盘谈价盘，而是通过仔细了解竞争对手，特别是品类的前几位品牌的价盘之后，设计出一个对中间商有诱惑力的价格操作空间，这才是真正打动他和他的团队的地方。所以，设计价盘也得“由外及内”，不能自己一厢情愿。

价盘设计的精妙之处，也如同兵法一样，可用图表示，如图 5－1 所示：

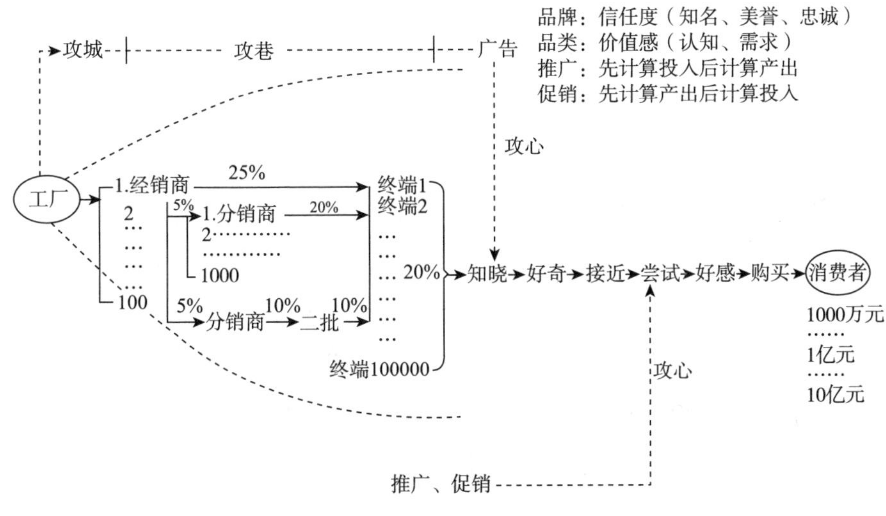

图 5－1　产品销售实现路径图

图 5－1 基本上已经把产品销售的逻辑流程科学地揭示出来，其中的价格体系问题，隐含在其中，你发现了其中的奥秘了吗？

第二条　价位是动态的动销驱动力

“一定要保持物价稳定！”说这话的一定是政府官员，而且官职还不小！

"一定要保持价格稳定！"说这话的一定是企业老板，而且资产还不小！

物价能稳定吗？我们随便拿身边任何一个生活必需品来看，一枚鸡蛋、一斤大米、一棵白菜，5 年前、10 年前、15 年前、20 年前的价钱跟今天是一样的吗？即使是今年的今天，同样一瓶矿泉水，在街边的小摊上卖 2 元，在机场候机室就是 5 元，到了夜总会、KTV、会所里面就是 20 元。

同样是一瓶水，除了在不同的地方卖不同的价格，在不同的时间，也会有价格的波动。很多商店周一至周四是一个价格，周末是另外一个价格；8：00—17：00 是一个价格，17：00—20：00 又是一个价格。你觉得奇怪，因为货架上的价格标签没有任何改动啊！

是的，白字黑字的价格标签没有改动，但是很多卖场包括你所迷信加迷恋的国际大卖场，他们收银台的软件里价格高低是有时间设置的！因为当你推着购物车，美滋滋地在超市里走来走去，顺手拿起这个放下那个的时候，早就忘记了这一双袜子在货架上的标价是多少了。99% 的人在排队付账的时候，恨不得早点轮到自己结账离开，谁还去核对小票上的单价？

这听上去有点"黑店"的感觉，有人还会联想到出租车的计价器，或者游乐场游戏机里的闯关难度设置做手脚有猫腻什么的。

这倒有点冤枉，人家大卖场在折价时段的低价，那可是真金白银让利的。比如，有些超市就是很多商品在凌晨 0 点实行一元价。很多面包店，都是过了晚上 8：00，所有的面包、蛋糕、沙琪玛全部 5 折。有些服务处所，比如足浴、按摩店白天的价格是很低的，网球馆、羽毛球馆，上午时间 5 元一小时，晚上就提升到 35 元一小时。

因此，作为一个老板，维持"价盘"的稳定，是必须的，因为价盘中的价格体系，是各中间商的利益分配机制，是产品从工厂走向市场的润滑剂。

但是，对于与消费者打交道的“零售价”“价位”的部分，通过上面的简述，我们发现里面的学问很深、空间很大。毕竟，在5个动销的原点问题上，价格是最后一关。

零售价位如何设计才极具战略意义，甚至影响整个生意模式的运营设计？

【案例】

万基洋参饮的价格变脸

万基洋参是中国西洋参第一品牌。

西洋参在中国市场已经有深度的“认知”，有广泛的“需求”，西洋参切片的“品类”，已经很成熟，但是把西洋参作为饮料，这个品类还在培育期。万基洋参是中国西洋参第一品牌，这没有人怀疑，但那是针对西洋参切片而言，做成饮料就未必，因为跨了品类。

回到主题，这样一罐西洋参饮料，如何定价？

万基洋参饮的“认知”：对西洋参的认知，大家是具备了，但是将西洋参作为饮料，大家就会重新调整自己的认知，这是普通饮料、保健品，还是保健饮料？针对各种认知，大家心目中的价位是多少？

万基洋参饮的“需求”：对西洋参切片的需求，消费者是基本稳定了，但是西洋参饮料，是解渴的还是非解渴的？要知道，这两种需求的季节是完全相反的，解渴饮料的旺季是夏季，非解渴饮料的旺季是在中秋至春节这段天气冷的时间段。这两种需求下的价格是截然不同的，解渴要随时随地解决，价格当然不能太高，非解渴的呢？你看看人家红牛、六个核桃定的是什么价。

万基洋参饮的"品类"：保健品做成饮料形态，以前有口服液，后来有各种玻璃瓶、PET瓶的，有成功的也有失败的。将西洋参做成饮料，装在一个三片罐的易拉罐里面，这个品类的发育如何测试与判定？如果价格定不对，后续的市场推广无法开展。

万基洋参饮的"品牌"：在西洋参切片里面，万基是当之无愧的第一品牌，但是在保健饮料里，在易拉罐饮料里，在易拉罐保健品饮料这个新的品类里，万基面对的竞争对手是谁？在整个品类阶梯中，万基品牌排名第几？这也影响价位的确定。

万基洋参饮的"价格"：企业试销的时候，定在7元一罐。两年多的时间里，销售马马虎虎，业绩平平淡淡，处在我们所说的非典型性的"爬行"状态。离"井喷"二字，相去甚远。

万基董事长陈伟东就价格问题直接咨询我们："老余，你说我的价格定错了没有？"

我们说："董事长，价格没有对错，只有是否具备动态的销售驱动力。我们一起来探讨一下。以现在您的洋参饮料的7元一罐为例，这是一个很尴尬的价格。

"因为，如果作为饮料，其价格带在3元以下为基本的塔基价，占饮料销量的70%左右；5元左右的为塔腰价，占饮料销量的20%左右；塔尖的部分，5元以上的，销量在5%～10%；你的价位在7元，基本上已经是贵族的钻石价了，也就是说，非常小众了。

"如果，作为保健品，现在普通的保健品都以300元左右为一个购买单位，一盒7支装的胶原蛋白口服液，也在250元以上了，与他们相比，你的价值感又太低了。何况，你这样一罐一罐地单罐卖，一个堆头堆2000罐的话，按照10%的理想顾客取货率，要有20000个顾客路过你的堆头才能实现销售，这样的话估计一个月也卖不完，营业额连堆头费用都付不起。"

陈董事长问："那如何摆脱这种尴尬的局面？我的价位定了两年多

了，价盘也十分的稳定，我的意思是不要做太大的调整了，你们有何高见?”

我说：“我们可以选一个区域市场做试点，进行一个价格变脸!”

最后是将这个产品的单罐销售模式，改变为“礼品盒”销售模式，一个礼盒装12罐，一盒的零售价不到90元。通过这样的“保健礼品饮料”认知变脸，也改变了消费者自购自饮的“需求”，“品类”一下子回归到了万基团队驾轻就熟的保健礼品模式上去，万基洋参第一“品牌”的心理排队效应，也极大地发挥了作用。

价格通过这样的品类“变脸”，虽然与普通饮料比起来，大家觉得不便宜，但是从“礼盒”、“保健品”等认知基础出发，90元一盒的洋参制品，作为礼品也不算怎么贵了!

最为关键的是，7元一罐的历史价格，我们一分钱也没有调整，接下来就看选哪个样板市场来干这个事了。

第三条 舞动价格双刃剑，让临门一脚精准

好的价格策略，是动销“临门一脚”的关键，这一脚要是射准了，产品就真正动销了。这一脚要是射偏了，前面所做的认知、需求、品类、品牌等方面的功课，就是后卫、中锋与前锋的倒脚游戏，自娱自乐罢了。

然而，价格又是双刃剑，不是那么好舞动的，对于价盘、价位，如何进行科学又艺术的操作，才能让它为我所用呢?

【案例】

长袖善舞的大汉口热干面

大汉口热干面，是我们的老朋友刘海元先生的得意之作。

刘海元先生原来是武汉汉正街太平洋食品贸易公司的董事长，20世纪90年代是南方黑芝麻糊武汉三大经销商之一。出于一个共产党员的责任感，他自己下海经商发家后，接管了一个濒临破产的国企，带领大家卧薪尝胆，一步一步地走出困境，在一个特殊的机缘下，他带领团队将武汉三宝之一的热干面做成了快速消费品品类，“大汉口”也成为著名的食品品牌。

做贸易的人，最善于利用价格杠杆。价格有价盘，有价位，如何舞动？自有办法。

一般的厂家，通常要求经销商每个月都打款，再每个月都压货。刘海元先生不一样，他要求经销商每年只打四次款，一次打够三个月的款，然后再根据市场动销情况，分批次发货。当然，一次打够三个月的款，不是白打的，有奖励！这个奖励就是能享受上一级的价格。通俗地说，班长可以享受排长待遇，排长享受连长待遇，连长享受营长待遇，以此类推。

这个妙处在于，并没有变动价盘，只是变动了享受价盘的条件。机会不多，一年四次，经销商可以参与或者不参与。参与的经销商可以将获得的利润转化为市场费用，去多争取消费者，这样又拉动了终端的动销，而且经销商一下子打出了三个月的货款，只好一门心思去铺货、促销、消化库存，花在其他经销产品上的时间、精力就被挤占了。

对于零售价的操作，刘海元先生就更轻车熟路了。新货是什么价，临期产品是什么价；大超市是什么价，学校的校园店是什么价；捆绑促销品是什么价，不做促销的时候，是什么价；平时是什么价，节假日特别是小长假、寒暑假等出游季节，是什么价。

价格这个东西，什么时候稳定过？又何尝能够稳定下来？

有了操作价格的艺术，产品的临门一脚就能射准了！

到此，我们上篇关于动销的 5 个营销原点问题的分享，就告一段落了。

大家其实已经发现，我们所有的阐述，就是围绕四个字：**“由外及内”**。

这四个字的精髓在于，在思考如何让自己的产品畅销起来的时候，一定不要一厢情愿，眼睛死盯住自己的鼻尖，而是要放开心胸，展开视野，去发现千千万万个与我们非亲非故的消费者，他们是哪些人？他们对我们的产品是怎么看的？他们为什么要来买我们的产品？

这个思考的原点调整好了，这个观念扭转了，接下来的战略布局、调兵遣将才有方向，一切营销的组织活动，才有目标；一切费用的投放，才有准确的靶心。我们的付出，才有期待中的丰厚回报。

否则，你就与那些还处在战略迷思中 95% 的企业一样，好像也没有什么大错，好像也不会一下子就关门大吉，但是一直在迷雾中爬行。

中篇

如何保证产品畅销

——由内而外，你所忽略的战役构思

战略最怕不“落地”！

一个很好的服装设计，交给一个三流的裁缝，他给你做出来的时装，会让你哭笑不得。贝律铭设计的香山饭店，在施工时就让老先生哭笑不得，一个工头就敢随意改动他的设计。同样，一个很好的战略放在一家“观念三流”的企业，产品肯定也畅销不起来。

我们通常听到老板们抱怨：“这群笨蛋，执行力太差！”我们也经常听到基层员工抱怨：“这个老板，战略一日三变，政策朝令夕改，根本没有长远打算！”这样“婆媳互怨”式的抱怨，是管理学上三大“经典抱怨”之一。

我们通常用战争术语来讲解市场竞争，用得最多的就是战略、战术这两个词汇，于是大家思考的内容也基于这两个范畴。比如，员工认为老板“战略”不行，方向很乱；老板认为员工“战术”不行，执行力很差。

我们翻开战争史一看，原来战略与战术之间，还有一个叫做“战役”的词汇。“战役”里面的学问，我们越琢磨越有味道，它有一种决策与执行间的承上启下关系：“战略，要成为战斗中的战术行动，必须由一个、两个、三个甚至 N 个大的战役组成；根据战役的规划，详细规划准备发起多少次战斗，每次战斗根据敌我双方的实力、战场形势、地形等，确定使用何种战术，是单一的战术，还是战术组合……”

我们根据自己在上市公司任高管的经验，通过多年的研究，发现老板们、基层员工们的视角都对，也都不对。因为，在这个类似婆媳关系的“经典抱怨”里面，实实在在地隔了一层类似“战役规划”的东西，或者叫做管理环节，这是我们继上篇动销原点问题之后，提出的又一个营销实战原创观念：**营销的“运营规划”**！

这是每个企业家有意无意都这样做过，思想中隐隐约约觉得应该这样做，但是又没有时间仔细静下心来思考如何去做的问题。因为企业所谓的战略通常是大而空，而企业的工作计划、目标分解之类的，通常又是细而乱，总给人一种任督二脉没有打通的感觉。

中篇我们的角度完全倒过来，营销战役的“运营规划”由内及外！

上篇5个营销原点问题解决的是顶层设计心智竞争中的战略问题，中篇运营战役的规划解决的是市场物理竞争的成本、效率与风险控制问题。

所有的沙盘推演，必须经过实战的检验。所有关于产品畅销的5个原点问题思考与决策，必须付诸市场实战去验证。我们从企业自身的基础、特点、资源出发，由内而外地构思，如何发动几场战役，保证产品能够畅销起来？

下面，我们专门来讲如何进行“由内及外”的营销“战役构思”，具体如图1所示。

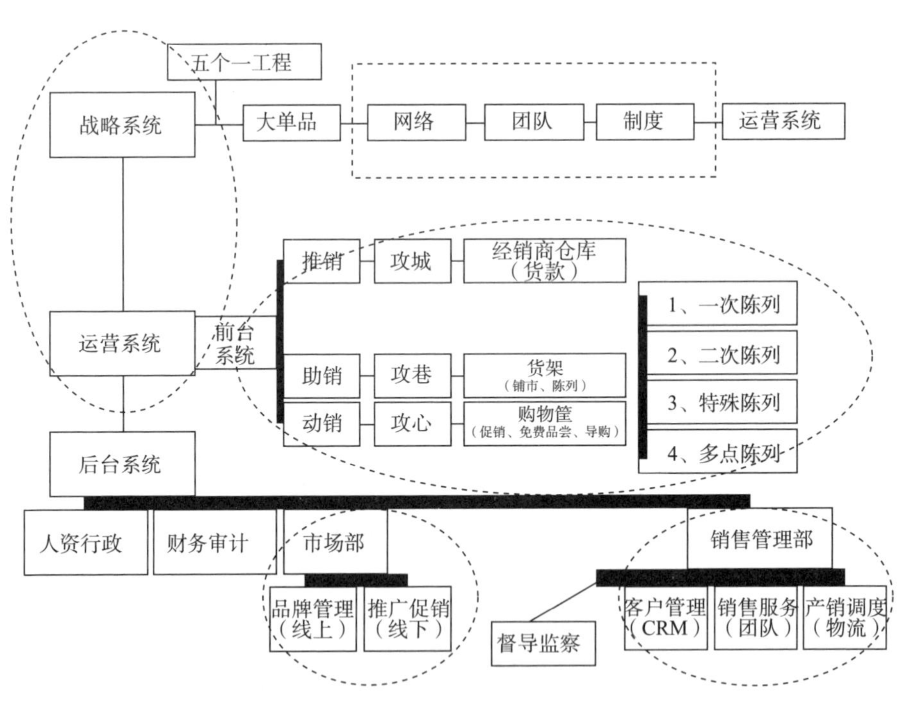

图1 “由内及外”的营销“战役构思”

【第六章】

运营模式，5种营销阵法

在对消费者“谁来买，为什么买”的5个原点问题进行了科学细致的专业研究与分析之后，我们该以何种模式发起接下来的“落地”战役？

打仗先排兵布阵，首先要考虑的是选择何种“阵法”——营销运营模式。

营销的运营模式不同于通常所说的商业模式（直销、直营）、生意模式（代理制、经销制），我们把它的范围锁定在**阶段性营销活动的“组织方式”**范畴，这样便于我们聚焦思考、调度资源去推行营销竞争战略如何落地的问题。

第一种　以点带面式

这个阵法适合刚起步的小型企业，或者原来很辉煌，现在处恢复元气、东山再起阶段的大企业、老企业。如果，公司新推出的是一个没有把握的第二品类，也可以试试，如加多宝推出的昆仑山雪山矿泉水。**这个阵法的要义就是：先生存，后发展！**

既然生存是第一要义，那就要找到适合生存的地方。什么地方最适合生存？如果简单地照搬军事理论，那肯定是去敌人比较薄弱的地方，而前面的营销5个原点问题告诉我们，做生意恰恰相反，我们要去的是敌人活得很滋润的地方。

因为，敌人活得滋润的地方，往往是品类的沃土：第一，消费者对这类产品有“认知”，不需要你费口舌去教会非洲人不要光脚要穿鞋子；第二，既然敌人在这里生活得很滋润，说明这个地方有现实的“需求”，不需要你再花大力气去“勾引”需求、培养市场；第三，成熟的市场一定会有成熟的“品类”代表——大单品。潭水深了一定有大鱼，你要做的是，表现出你的品类差异化价值，培育出自己旗下的“大鱼”；第四，可以借势展开第一品牌的竞争，一个大的市场是可以容纳几个大品牌同时存在的。苹果手机很厉害，但是三星也有市场，就看你如何在细分品类中做品牌老大的文章；第五，在一个成熟的市场中，消费者开始自然地“阶级”分层，可以接受高、中、低各种不同的价位，你可以很快建立自己的价格定位。

【案例】

史玉柱从喜马拉雅山下来之后去哪了

史玉柱兵败珠海之后，去哪了？

除了去拜访保健品“前辈”沈阳飞龙伟哥、济南三株吴叔，还去了联想见了柳大哥。之后，他带了十几个兄弟，去了西藏。从喜马拉雅山下来之后，他去哪了？

去了太湖。

从山上下来，又去湖边，不是为了玩水，而是要掀开他的重出江湖之战。中国的保健品市场，集中在长江三角洲。娃哈哈口服液从这里起步，万基、金日、康富来在这里鏖战，铁皮枫斗在这里成长，21 金维他也在这里发家，众多外国的这个素、那个油都选择在这里进入中国市场。众多的品类、品牌在这里，共同培养了一群忠实的保健品消费者。史玉柱决定，首战选择江阴，然后“以点带面”，在长江三角洲扎根！

后来的故事，大家都知道了。手头仅有的 50 万元，三分之一用去委托加工产品，三分之一用来维持团队运作，三分之一咬咬牙还是砸在了广告上，这就是前面说过的真理：**广告不是万能的，没有广告是万万**

不能的。一个产品的成功不可能靠一个定位、一个点子就能成功，必须发起几次大的“战役”。吴总拿下苏州、陆总拿下浙江、老蒋拿下上海，刘作伟后来加入团队，又一举拿下安徽，一个又一个漂亮的长江三角洲区域战役，奠定了脑白金成为长销产品的市场基础。

史玉柱是个商人，后面的每个商业浪潮，他都抓住了：IT 业是他老本行，互联网的高潮期，他做了“征途”网游；金融高潮期，他参股了几家民营银行；房地产高潮期，他在松江圈了几百亩地。你知道他现在又在“以点带面”做什么吗？

第二种　一字长蛇阵式

早些年，我们内地人去深圳、珠海特区的时候，必须要去辖区派出所办一个“通行证”，一张巴掌大的纸片。没有这张纸片，你就在一个叫做“关口”的地方被拦下来，接受各种盘查后交费补办，或者跟黄牛像打游击一样抄小路入关。这张纸片让我们知道，原来在同一片国土内，身份还是有差异的。

后来，沿海开放城市扩大到 14 个。这 14 座城市，从地图上看起来，就像一个“一字长蛇阵”。很多的境外投资者，进入中国大陆市场的布局，就是这个阵法。

由于历史及文化的原因，我们形成了很多的“经济带”，如“丝绸之路”经济带、“大运河”经济带、“京广线经济带”、“长江经济带”、“黄河中下游经济带”、“西江经济带”，等等。这些经济带的形成与发展，天然成为某类产品的主销售区域。

【案例】

顺藤摸瓜，放长击远

在西安有一个外地人可能没有听说的品牌“德瑞祥”，这个品牌专门生产回民朋友喜欢吃的一种类似于炒面的清真食品“油茶”，非常暖胃。这个产品在内地基本没有什么认知，在非清真食品人群中，也没有多大的需求，因此是一个十分小众的品类。但是，它在西安往西的甘肃、宁夏、新疆等地的销售，却十分红火。大家仔细看看，这不正是“丝绸之路”经济带吗？如何扩大战果呢？今年“丝绸之路”申遗成功，我们是否可以把产品的文化价值提炼出来，顺藤摸瓜，把产品销售到中亚各国，甚至欧洲？

在广西桂林，有一种美食，叫做桂林米粉。据说，秦始皇开凿灵渠的时候，南下的北方将士思念家乡，主持工程的史禄就把南方的大米磨成粉，做成北方面条的样子，大家一试果然美味。你可别小看这一碗桂林米粉，它把“饭、菜、汤”融为一体，既融合了做饭、菜、汤的工序，也为加快工程进度节约了修渠的时间。后来将士们北归时，慢慢把米粉顺着湘江带到两湖地区及长江沿线米食区。1997—2000 年间，南方食品集团开发出类似方便面的非油炸桂林米粉，我们当时决策的市场突击路线就是沿着湘江北上，攻下湖南、湖北，再沿长江东下扩大战果，占领江西、安徽、江苏市场，时机成熟，一举拿下大上海！

我们打开光明乳业的市场地图，也会发现，他们的重点市场分布在一条北到天津、南到深圳的沿海弧线上，这是怎么造成的？是生产布局所为，还是光明乳业的产品一直价格高昂所致？是光明乳业对蒙牛、伊利的区域避让市场战略，还是光明乳业销售团队对内地市场拓展不力？

大家可以自己用动销的 5 个原点问题来思考一下。

第三种　区域抱团式

第三种阵法比以点带面的出手力度要大，比一字长蛇阵型又相对集中，我们叫做区域抱团式，这个阵法适合有一定实力的企业来操作。

通常的做法是，看准一个区域市场，认真策划，方案做扎实，集中海陆空火力，从空中广告到地面推广，狠狠地做深做透，取得阶段性的战果后，再蔓延到外围市场。

由于区域文化及物流等原因，我国形成了很多区域性的商圈。很多时装品牌的首选市场，不是北上广，也不是沿海发达地区，而是东北市场，因为东北的女人爱穿、爱“臭美”，饿几天肚子没关系，冬天出门没个貂皮大衣可不行。老公要是买不起，晚上就别想上炕了。

如果你是做休闲食品的，不用说，首选的市场肯定是以四川为主的云贵川。这里的人“只知有汉，不知魏晋”，一天到晚嘴就没有闲着的时候。有个做瓜子的品牌，怕四川人民嗑瓜子太麻烦了，自作主张，把瓜子壳全用机器打碎了，剩下干干净净、清清爽爽的瓜子仁，以为在四川可以大行其道了。谁想到，这下可吃力不讨好，把四川人民惹恼了！你要知道，嗑瓜子，那是多大的人生乐趣，四川人民有的是时间，靠的就是嗑这个瓜子壳打发时间，显露手艺（嗑瓜子的技术，那可是很有讲究的），你干啥不行，非得剥夺人家的人生乐趣，这是谁策划的馊点子！

所以，选择这个模式的，一定要对区域市场的认知、需求，做科学的前期摸索与调研。

【案例】

露露不过江，椰树不过河

在饮料界，有句俗话叫做：“露露不过江，椰树不过河。”也就是说，这两个植物蛋白饮料的巨头，一个从河北承德往南到了长江，就不过来了；一个从海南往北，到了黄河就不过去了。

这是什么原因呢？是他们互相谦让吗？是物流问题吗？

我们先用动销的5个原点问题来分析一下，为什么“露露不过江”：

（1）认知的区域性：杏，在很多南方人心智中，以为就是李子或者类似李子的一种酸果子；90%以上的人，连“杏”长什么样都没有见过，就更不知道“杏仁”是何物了。

（2）需求的失焦：南方物产丰富，对以牛奶为主的动物蛋白的需求，至今为止还处在培育阶段，南方消费者对植物蛋白的认知仅仅限于豆制品，所谓的椰子汁在南方也是千百种果汁中的一种，人们没有把喝个椰子汁跟补充什么蛋白质挂上钩，更不用说露露杏仁露至今还没有一个清晰的需求诉求了。

（3）品类的狭窄性：露露自己没有清晰的定位，那消费者就会自动把它归类到“坚果仁榨取物”里面去。这在心智中已经是一种非常小众、品类发育不良的“风味饮料”了。

（4）品牌形象的迷糊：随便做个亲友调研，人们记住的露露广告语是：“冬天喝热露露，夏天喝冰露露。”这个广告纯粹已经是把自己当做畅销品的架势，好像人们一年四季已经在哭着喊着就等着喝露露了。加热、加冰都是假设在消费处于饱和期的状态下，提示人们增加消费时机的劝导。现在，同是河北出产、大行其道的一款核桃乳饮料告诉我们，露露的销量还少得可怜。

（5）价格的空间问题：要过江，就要给南方经销商与北方经销商一样的操作空间，而运费的增加，会压缩企业的利润。露露的价格空间给南方的经销商预留了多大的空间？这里就不做分析了。

尽管露露没有做如此详尽系统的内部分析，在鲁冠球先生接管露露之后，他还是根据“过不了江”的事实，把露露的销售核心区域集中在了河北、山东、河南等几个省份，让团队和经销商在这几个对“杏仁露”有高度认知的区域进行“抱团式”深挖，也取得了很好的业绩。

露露想要像六个核桃那样，先以区域抱团式阵法求生存，再以星罗棋布式阵法迅速扩张，还有很长的路要走！其间的关键是认真思考自己产品的5个动销原点问题。

原点为“体”、运营为“用”，不可本末倒置，至于喝的时候加热还是加冰，是细枝末叶的问题，根本不值得每年花那么多的广告费去给各大电视台装门面。

各位老板，读到这里请自己试试分析一下：

椰汁当年为什么“不过河”？

这几年是怎么过的河？过了河，日子过得怎么样？

第四种　星罗棋布式

真正的围棋高手，在布局阶段，都遵循一句叫做“金角、银边石肚皮”的棋谚。两个高手在棋盘上对局，下到前50手左右的时候，哪怕是个外行，也会看出一种说不出的美感。这个阶段的局势如何，我们虽然看不懂，但是头脑里面会出现一个成语，叫做“星罗棋布”。

高手会告诉我们，这样的布局方式，这样的子力分布最和谐、最均衡、最科学。

【案例】

康师傅与农夫山泉的布局玄机

1992年8月，来自台湾地区的魏氏兄弟投资800万美元在天津成立顶益食品公司，专门生产方便面，他们为产品设计了一个胖乎乎的厨师形象，取名康师傅。康师傅以全国最普及的口味“红烧牛肉面”为“认知”基础，切入火车、大学等“无厨房人士”原点人群，切准流动人口代餐“需求”，在大陆市场率先建立起“开水一泡就可以吃的方便面条”品类。康师傅也顺理成章成为第一品牌，其1.98元一包的经典定价，完全颠覆了北方众多厂家5毛左右的“地板价”，也将日清、合味道等动辄5元、8元一包的“贵族价”拉下马来。

问题来了，方便面是个大众食品，没有所谓的地域性，而“康师傅”在台湾地区，只是个炼油的作坊，在大陆也是刚刚起步，实力并不强大。眼看着大陆方便面市场这把火被自己烧起来了，这个蛋糕已经初具雏形，这一场大机会从天而降，自己如何接住？

老大魏应州是家族中的灵魂人物，他觉得机不可失，时不再来，一边力排众议，继续花巨资在媒体大打广告、树品牌，防止统一等台湾食品巨头过来摘桃子；一边在全国迅速扩张市场，要求经销商先打款、后发货，同时要求弟弟们在台湾地区通过各种渠道筹资，赊账采购设备。

用了差不多4年的时间，四兄弟在全国东南西北中一口气建了7家厂，每家工厂严格按照市场区域的划分，开展营销扎根活动。团队的布局阵法就是这经典的四个字“星罗棋布”。等到统一等台湾企业回过神来，康师傅已经杀个回马枪，回台湾收购味全食品了！

另一个厉害的角色是农夫山泉的钟睒睒。这位老兄是浙江诸暨人，跟西施是老乡。他下海后在1993年创办养生堂有限公司，打响了养生堂龟鳖丸、朵而胶囊等品牌；1996年在杭州投资创立农夫山泉股份有限公司，打造出农夫山泉、农夫果园和尖叫等国内知名饮料品牌。

之所以总是说先品牌，因为一般消费者还不太理解什么是“品类”，而一般的老板也不太理解什么是品类动销的5个原点问题。农夫山泉是如何在市场上与纯净水鏖战，甚至惹得华润怡宝针锋相对的？外间传言北京某报连发27篇文章进行质疑，大家对此已经了解，但是，农夫山泉为什么有这么大的底气敢于成为“行业公敌”，很多人就不知道了。

从准备对“纯净水”发难的那一天起，钟睒睒就开始了他的水源地“星罗棋布”的布局！他把自己的品类定位为“天然水”（其实纯净水、自来水，哪个不是天然水），把自己的品牌形象定位为“搬运工”（农夫进城了哦，别小看），然后，就像广告上所说的那样，全国到处去找水源了。从千岛湖到丹江口，从峨眉山到长白山，除了哪水质好去哪，还有一点就是哪名气大去哪（认知大于事实的原理）！到现在已经号称有7处还是多少处水源地了。

我们这一节要探讨的就是星罗棋布式这一阵法的使用，要求企业的条件是：企业已经面临一个看得见摸得着的发展机遇，必须抢先占领分布在各地的资源；其前提是：产品在各地消费者心智中有差异不大的“认知”，有共同的广谱“需求”，“品类”发育良好，“品牌”地位牢固，“价格”话语权已经牢牢控制在自己手上了。

竞争多变，阵法也多变，然万变不离其宗，我们必须死死盯住动销的5个原点问题，否则一切作为，皆是“妄作”。

第五种　渠道突破式

我们前面讲的四种阵法，都是以区域为出发点。其实，市场上有很多企业却是因使用了某种渠道模式而大获成功的。

比如很多药食同源的食品，在超市销量平平，进入药店系统后，获得了巨大增长。而很多具有中草药背景的保健品，开始进行“快速消费品化”，也即放下身段走出药店，进入大大小小的超市，市场也获得了扩张。

在不同的历史阶段，随着物流、资金流、信息流的外部条件变化及行业内部的竞争，商业流通渠道的各种表现形式也在变化。

渠道的变化，谁获得先机，谁就领一段时间的风骚，不过，这个周期愈来愈短了。

【案例】

西麦集团的KA卖场崛起与三只松鼠的电商神话

西麦集团是一家以生产销售澳洲燕麦为主的中外合资公司。

在2000年以前，燕麦这样的冲调食品，我们习惯称之为“副食品”，其主要的销售渠道是通过批发市场这样的“传统渠道”，层层批发下去，最后铺到各种各样的货架与柜台。

在2000年左右，业态在悄悄发生巨大的改变，一种叫做现代渠道的模式开始出现，其典型的代表就是外资开设的大卖场，如沃尔玛、家乐福等，这个习惯上叫做 KA 卖场。

这些大卖场环境开阔，货品充足，价格合理，货架布局经过科学的计算与设计，因此，每开一家都人流量大、销量大。但是，他们对供货商、厂家却条件苛刻，产品进店要入场费，每个条码收取条码费，进店以后收陈列费，什么八竿子打不着的节日，也要收节庆费。

于是，许多企业傻眼了，有些企业公开抵制“乱收费”现象，觉得爱卖不卖，有些在观望，有些干脆敬而远之自己开店直营。西麦集团看准了时机，迅速进入三线城市以上已经开业的所有大 KA 卖场，并且成立一支专门的“商嫂”队伍，对产品进行导购、促销。等过了两三年，KA 大卖场在中国零售业态中已经成为中流砥柱的时候，其他企业才缓过劲、回过神来，而西麦“轻舟已过万重山”，早就低成本地建立起自己的“全 KA 卖场”模式，严阵以待了。

说完了实体店渠道阵法，我们再来看看互联网。

安徽有一家叫做三只松鼠的电子商务有限公司，这家一开始很不起眼的公司，成立于不久前的 2012 年。这是一家号称以坚果、干果、茶叶、水果等“森林食品”的研发、分装及网络自有 B2C 品牌销售为主的现代化新型企业。三只松鼠的“森林食品”品类概念一经推出，立刻受到了中国最大的风险投资机构 IDG 资本的青睐，得到了 150 万美元的天使投资基金，堪称中国农产品电商最大的一笔天使投资。从此，三只松鼠被基金和网络传播策划专家打造成一个网络电商的案例，到处免费给它转发微信、微博，说它如何如何了不起，据说年销售已经过 10 亿元了。先有鸡，还是先有蛋？先有三只松鼠的网络传奇的策划、编写与传播，还是先有 10 亿元的销量？相信你已经懂了。这样的发展速度，是传统渠道模式的多少倍呢？你看看满大街以传统模式经营同类产品的那些土特产公司的规模就知道了。

企业选择何种渠道模式，一要看趋势，二要看自身的条件与资源。

什么是趋势？任何行业必须了解互联网模式，具备互联网思维，这就是趋势。如何正确分析自身的条件，用好自己的资源去跟上趋势？这个还是得回到动销的5个原点问题上来。

互联网公司如何扩大自己产品的认知？我们看到北上广满大街的公交、地铁里是网站的广告；如何扩大需求？很多网商在各地开设各种体验店；如何加快品类的发育？很多互联网教育机构、服务机构都在做各种与地面实体结合的尝试；如何扩大品牌？大家在制造各种“头条”吸引眼球；如何保持线上的价格优势？大家在与第三方物流、产品供应商进行着各种各样的战略联盟……

我们要清醒地看到，三只松鼠是成功的电商公司，而就在它的隔壁、它的楼下，在安徽芜湖弋江区软件科技园区里，还有一大批半死不活的所谓电商创业企业，每天有开张的，也有关门的。西麦集团做KA卖场大获全胜，但是各种模仿西麦集团进大KA卖场的食品企业陷入了进退两难的境地，因为KA卖场苛刻的条件使得企业无法承担每年增长的费用，而越来越薄的利润，也使得企业无法进行品类的教育与需求的唤起。这些企业一旦离开KA大卖场模式，产品的销量就大幅下滑，无法维持一个庞大的运营体系。

出路在哪里？还是要回过头来，研究新的渠道变化趋势：线上、线下组合模式。

【第七章】

运营节奏，3类营销战役

一个没有淡旺季的产品，一定不是好产品。

因为一个成熟的品类一定有自己的消费节奏，这种消费节奏，也造成了销售的节奏。企业得提前做准备，不要旺季来了，连库存都还没有准备好。

有朋友跟我们较劲说："牙膏就没有淡旺季，因为人们每天刷牙的次数是一样的。"

我们反问："你什么季节午睡时间长?"他说，夏季。"你什么季节觉得自己口腔的口气比较浊?"他说，夏季。"如果有一家牙膏企业说'夏季，午休起来记得再刷一次牙哦!'你会不会响应，你夏季刷牙的次数会不会多一点?"他思考了一下说，会哦!

这就是问题的要点：你的产品还没有出现淡旺季，一是你的策划团队出了问题，没有真正发现人们的需求变化规律，并且采取相应的主题推广；二是你的销售执行团队出了大问题，一年四季平均用力，而且用的力量是按照淡季的最低水平来使劲的，如果在旺季稍微加点力，你的产品哪怕自然销售，都会突破平均线。

再来解释"一个没有淡旺季的产品，一定不是好产品"，我们真实的意思是：如果你的产品，至今没有形成淡旺季，那不是因为产品没有淡旺季，是你的策略顶层设计与团队营销运营执行力度出了问题，让你错过了市场消费的"峰值"，即高峰期你没有抓住大鱼，低谷期你又每天出海浪费资源。

市场变化规律是客观存在的，我们如何摸准并攥住，需要一个新的概念：节奏。

我们以前经常听说"旱季攻势"、"秋季战役"这样的报道，如果说，发动一次营销战役、营销"运营阵法"是空间概念，那么营销"运营节奏"，就是一个时间、时机、机会的概念。我们接下来分享三种营销运营的节奏类型。

第一类　以时间换空间

经常有老板说大话："这个生意我亏得起，我先亏个三五年的，把市场占领下来，然后慢慢再来盈利。"他心里想说的那句话，就是"以时间换空间"。但是，他忘了前面还有"积小胜为大胜"的前提。这是号称"小诸葛"的白崇禧看完毛主席的《论持久战》之后，思考了很久总结出的抗日战争战略、战役思想精髓。

杀人放火的事有人做，亏本的买卖没有人干。这个营销节奏的出发点就是不急不躁，先用一系列的小胜利，慢慢积累、慢慢渗透，从量变慢慢等待质变的机会。

很多老板以为只有小企业才会这样做，我只能说，你错了。你看看李嘉诚的生意经常就是这样，再看看万达、万科，都是这样。

我们下面分享一个快速消费品的大案例，看看人家是怎么以时间换空间，发动"大中华战役"的！

【案例】

嘉里粮油40年布局的大中华战役

中国人口众多，衣、食、住、行消费量惊人。解放前的荣毅仁家族，就是因为做"穿"的生意，成为民国首富。现在的胡润财富榜上的企业家，一半是做"住"的生意。"行"的生意也是大生意，如汽车、高速公路、高速铁路、机场码头。这些生意会陆续对民间资本开放，都必须要及早布局，一句话，没有时间就没有空间。

为了布局中国市场，早在40年前的1974年，郭氏兄弟集团就在香港成立了嘉里控股有限公司，从此“嘉里”成为郭氏兄弟集团在香港地区和中国内地广泛业务的标志。嘉里粮油（中国）有限公司是郭氏兄弟集团在中国投资粮油生产企业的专业性投资公司。

1990年，嘉里粮油集团在中国投资的第一家油脂生产厂——南海油脂工业（赤湾）有限公司正式投产，它是中国较早大规模生产精炼油脂和小包装油脂的企业。开办这家企业，是郭氏兄弟进入中国内地市场的牛刀小试。

我们现在用动销的5个原点问题来分析：从“认知”看，中国人有素食传统，认为植物油比用动物尸体提炼的动物油要有健康价值；中国人每餐的用油量是一个巨大的重复性“需求”；小桶装的油，很快就获得家庭主妇的青睐，迅速发育成熟成为厨房的新“品类”；嘉里粮油集团的“金龙鱼”品牌，一炮打响！它的“价格”，已经纳入国家发改委、商务部的监控视野，说明它已经有“半垄断”的性质，经济学上的垄断利润有多大，你去想想吧。

在随后的时间里，嘉里粮油集团先后建立了深圳、上海、天津和青岛四大粮油生产基地及防城港、成都、西安、营口等十几个生产加工点，覆盖全国市场，构成了非常庞大的粮油食品生产加工体系，它们包括南海油脂工业（赤湾）有限公司、防城港新海油脂工业有限公司、天津嘉里粮油工业有限公司、上海嘉里粮油工业有限公司、四川嘉里粮油工业有限公司、西安嘉里油脂工业有限公司、青岛嘉里植物油有限公司、青岛嘉里花生油有限公司、营口渤海油脂工业有限公司、上海嘉里食品工业有限公司、嘉里油脂化学工业（上海）有限公司、南海特种油脂工业（上海）有限公司、深圳南天油粕工业有限公司和深圳南海粮食工业有限公司等十余家生产企业。

列出这一长串名单的目的，不是为了让你羡慕，而是让你看看人家是怎么“悄悄地进村，打枪的不要”，是怎样“时间过去了，空间也占据了”。

除此之外，他们还有一家专门从事原料采购的贸易公司：深圳市嘉里粮油贸易有限公司，以及一家专门从事营销策划及管理的公司：嘉里粮油（深圳）有限公司。

第三个十年，嘉里粮油集团旗下“金龙鱼”、“胡姬花”、“花旗”等品牌已经坐上中国食用油头把交椅，占据中国食用油超过40%的市场份额。据嘉里粮油提供的数据，2003年其食用油销量已经达100万吨，销售额130多亿元。第四个十年，嘉里粮油集团在中国生产“金龙鱼”、“香满园”、“元宝”、“胡姬花”、“鲤鱼”、“巧厨”、“花旗”和“手标”等16个品牌的小包装食用油。其中，“金龙鱼”家喻户晓，是中国食用油的知名品牌！

嘉里粮油（深圳）有限公司是专门负责以上企业小包装食用油系列品牌在中国的市场开发、渠道建设和管理、营销策划及企业形象设计，提供企业管理服务和咨询服务，从事粮油、食品相关技术研发的管理公司。公司已经建立全国性的营销网络，成功实现对16个品牌的统一管理。

在很多老板不舍得成立市场部，不舍得聘请一个靠谱一点的专业咨询公司的时候，你看看人家是怎么做的！

现在很多老板知道请会计师、律师了，但是对咨询师还羞羞答答、欲拒还迎，也许是这一行没有国家统一的证书，没有资格准入，导致咨询市场鱼龙混杂所致 。

第二类　以空间换时间

以空间换时间，我们会联想到“诱敌深入”，其实，在全球化的时代，我们更加注重的是“练好内功走出去”。因此，以“空间换时间”的正确解读是：“慢就是快！开始的慢是为了后来的快，开始的慢是在一个空间内为后面的快做好营销阵法、节奏的准备！”

中国功夫最注重内功，所有的名门正派都十分注重扎牢内功的根基，这是一个正常的节奏，否则欲速则不达，那些追求捷径、速成的最后都会“走火入魔”。

因此，选定一个区域市场，先老老实实地扎下根，等实力强大了，再出击。与前面讲的区域抱团式阵法有些相似，区域抱团式阵法强调选择空间区域的重要性，这里我们关注的是等待时机的主动性，更加明确。

在国内做得比较成功又比较有名的是王老吉和六个核桃。

王老吉一开始只是一种在广东地区很普通的街头饮料，后来选择浙江的温州地区作为样板市场，选择餐饮作为突破口，选择就餐人群做为原点人群，这个样板市场的实验非常成功，为以后在全国的复制赢得了时间。

六个核桃是模仿承德露露的一个风味饮料，后来调整定位，选择河北、河南、山东作为核心区域，选择县以下市场作为突破口，以箱货形式作为终端推广模式，经过几年的苦心经营，2013 年才开始出击全国市场。

这两个饮料界的奇迹，虽然给很多朋友以启示，但是对国家的贡献，还是比不上案例中的这家企业，如果让我们来评论，这家企业的老板是中国唯一可以称得上企业家的人。

【案例】

华为，立足中华，谋福全球

华为的名气很大，但华为的故事大家却不一定熟悉。

任正非1987年到深圳创建华为时，注册资金只有2.4万元，相当于现在大老板的一顿饭钱。经过几年的艰苦创业，产值连年翻番，1993年才4.1亿元，1997年达到50亿元，1999年就突破100亿元，此时离创业不过十几年。

华为创业时的产品不为普通人所“认知”（今天也有智能手机了），但是却为专业人士所推崇，因此切合了当时通信系统升级的大“需求”。华为产品几乎覆盖了国内电信的主要领域，这些都是发育成熟的“品类”。自1994年起，华为连续几年在深圳市开发型高新技术企业综合排序、销售额排序、利税排序中均列第一名，“品牌”的排序也稳居中国第一。深耕中国市场十几年后，现已发展为一个实力雄厚的集团，公司众多产品正在走向世界。

从2005年的英国电信到今年的沃达丰（Vodafone），这些要求非常苛刻的TierOne（一流电信运营商）不仅将华为列入了他们最核心的供应商短名单（ShortList）当中，而且已经开始向华为下达实质性的订单了。“西欧运营商的态度正在向华为倾斜。”市场研究公司HeavyReading首席分析师Scott Clavenna也认为华为在欧洲已经势不可当。

2006年9月28日的香港，在国内外几十家媒体的注视下，华为终端业务部总裁郭平和沃达丰全球终端总裁Schulte Bockum两人合力“举”起一款小巧的折叠手机。两家公司联合宣布，华为专门为沃达丰这家全球第一大移动运营商量身定制的第一款自有品牌3G手机V710隆重上市，并将于10月初在英国、德国、意大利等9个国家同步发售。

喜讯也不仅仅来自欧洲。2006年7月19日，华为总裁任正非亲赴日本出席了为日本移动运营商eMobile承建3G网络的签约仪式。eMobile虽然是一家规模较小的运营商，合同的金额也并不大，但是对于华为仍然具有里程碑的意义——这是华为在全球3G业务最发达、3G用户数量最多的日本拿到的第一个3G订单。

如今，海外电信市场的三大高地（美国、欧洲、日本）中，除了美国还没有多大斩获之外，华为在欧洲和日本都已经取得了重大突破。

正像长江商学院院长项兵所说："华为是唯一一家能够独自在国际主流市场与国际主流厂商进行正面竞争的中国企业。"随着华为在国际市场的全面开花，华为离它的创始人任正非所梦想的成为世界级企业的目标也越来越近了。

我们有一个感受就是，在华为面前，那些大型国企或者准国企都逊色多了。华为是真正以国内市场练内功，换取在国际市场迅速扩张时间与时机的典范。同是民营企业的TCL，虽然有此国际化雄心，是否在国内的内功修为不够？值得深思。

第三类　节点引爆

"节奏"二字，说说容易，把握很难。

前面我们一会"时间换空间"，一会"空间换时间"，读者可能觉得有点绕。我们之所以通过华为的案例来把话题扯大，目的是开阔一下大家的视野，让大家了解一下不管是中小企业，还是像华为、联想、TCL、海尔这样的大企业，从战略布局到战役构思都要特别讲究营销运营的韵律与节奏。

节奏如何去把握？我们这一节要再次科学地将它微观表述为两个字：节点，意思是，节奏要靠节点来把握。认识了节点，就认识了节奏的关键所在。

那么，什么是节点？

一部《失恋33天》硬生生地炒热了一个11月11日——"光棍节"，这是"时间节点"。

一个新产品上市，要经过攻城、攻巷和攻心三个阶段："攻城"——攻占经销商仓库，"攻巷"——攻占终端货架，"攻心"——攻占消费者购物筐。这三个阶段物理空间转移，我们称之为"空间节点"。

时间是静静地流淌的，而每个人心里的感受千差万别。为此，我们祖先制定了很多节日。农历的24节气，是提醒我们注意天时变化，不误农耕。一年中每个季节又约定俗成有不同的节日，如元宵节、清明节、端午节、中元节、中秋节和重阳节等，提醒我们应该纪念先人，或走亲访友，增强亲情交流。还有各种各样民间信仰和民俗的节庆与纪念日。

现在，我们回到中小企业所关心的第一个节奏问题：如何抓好年度里面的淡旺季节奏？如何做好与产品入市阶段相匹配的资源投入计划？

【案例】

六个核桃的"高考季"

说起六个核桃，大家都把它看作像王老吉一样的神话。其实，这背后决策的智慧、执行的艰辛，外人如何得知？

作为非解渴的饮料，六个核桃与承德露露、海南椰树一样，传统的旺季在中秋与春节，这个与解渴饮料的淡旺季是完全相反的。每年4月份以后，非解渴饮料的企业基本都处于半停工状态，团队也以培训、督查为主，经销商也都卖水、卖啤酒去了。这样的节奏，显然是不利的。

每年的4—6月又是各种大考的密集季节，有高考、中考、小升初考，还有各年级的期末考，而考试季节是不是用脑强度更大？那么补脑的"需求"岂不更大？六个核桃在认知中，既然是补脑的饮料，好，那应该可以像《失恋33天》制造光棍节一样，也制造一个"高考季"！

广告输出语就是：“经常用脑，多喝六个核桃！”

大企业“造节”，可以独享；小企业像《失恋 33 天》剧组把光棍节“造”出来后，阿里巴巴、淘宝、京东这些大家伙一起哄，一出手就把桃子摘走了，冤吧！

中小企业怎么办？中小企业必须注意抓住那些人们共享的节日。因为，中国人有个习惯，平时爱储蓄，生活很节省，但是逢年过节必定会大吃大喝、大采大购一番。就像赌徒进了赌场，口袋里的钱就不再是钱了一样，到了节庆期间，再勤俭持家的主妇，也会受节日气氛的感染，觉得要好好花钱才“对得起自己”。

因此，企业再小，也要有个两三人的市场部；市场部再小，也要学会在一年的开始就把全年度的节庆排列出来。把针对自己产品特点的促销主题想好，把预算排一排，把该做的促销活动列出计划，人财物的资源分配好。这也算是比较原始，但是十分有效的内部策划了。

如果你没有一个像模像样的市场部，过节的时机抓不住，周末的时机抓不住，产品就只能静悄悄地躺在那里，眼巴巴看着别的产品畅销了。

空间的节点如何把握？

“攻城”，就是压库。新产品上市的第一个阶段就是要把货压进经销商的仓库，这时常用的办法就是开区域性的供货会，把新产品政策、企业操作办法及人员与费用投入这三个问题讲好，然后会上喝个大酒，找个三流歌星现场助个兴，最后再摸个奖。俗，但是有效。

“攻巷”，就是铺货、上柜。这个时候要准备好对终端的“子弹”：准备进 KA 大卖场的，要把采购员搞定；准备铺市对付满街小店老板的，要准备实惠的铺货礼品、陈列奖励，如见面多送个计算器，铺 10 件送 1 件，让他帮忙把货摆在进门的位置。“攻巷”的时机基本是在货到的第二天就要开始，铺货率一定要有阶梯性的计划。

“攻心”，就是做广告、促销、推广。这是最花钱的环节，所以只要稍有条件，一定要有专业的策划。最好找那种有广告基础，又有企业营销实战经验的团队。

需要特别指出的是，时代不同了，信息大爆炸，媒体大涨价。广告再也不能故弄玄虚，像以前做什么悬念广告，头三天什么也不说，第四天说自己是什么什么，现在的消费者已经没有那个耐心去猜哑谜，等第四天才说出你是什么的时候，他早就走人了。

现在的诀窍就是要上头条！广告、促销、推广的投入节奏，必须掌握好时机，早了浪费，晚了又错过引爆市场的最佳时机，所以在样板市场的实验是非常重要的。

把握了节点，就掌握了战役的节奏；把握了战役的节奏，就把握了战斗的主动权。一次成功是偶然的，连续的成功一定有自己的节奏。

第六、七章讲了营销运营的阵法与节奏，这是如何“踩油门”的问题。下面我们一起探讨营销运营的第三个重大问题：营销掌控——如何“踩刹车”。

【第八章】

运营掌控，7大营销要素

我们环顾今天的企业界，凡是营销运营控制得好的，都是早年创业时吃过大亏的，如史玉柱。现在营销界的晚辈们，已经无法切身感受脑黄金“让一亿人先聪明起来”的波澜壮阔了，无论成败如何，在我们这一代营销人心目中，脑黄金依然是一个历历在目的经典案例。以结果论，这场营销运动以失败告终；以过程看，其中有无可总结借鉴之处？

营销运营如同驾驶汽车，有油门必有刹车。也许，在一往无前、所向披靡的时候，在营销总部的作战室里，应该有人提出一些“我们该刹刹车了”之类理智的声音。

在针对这个问题进行了长达3年多的案例积累与分析后，我们发现：一个科学的运营，不是为了加油而加油，也不应该为了刹车而刹车，刹车这件事也得有个规矩，有个章法。

我们在研究了多家企业因为营销“用力过猛”的“7种死法”后，在这里提出营销运营的7大控制要素，以便进行营销统御。

第一种 如何控制经销商

很多企业吃过记者的亏，因而把企业与媒体的关系定位为：“离不开，惹不起，靠不住。”很多人也试图用这个定位来表达生产厂家与经销商之间的关系，我们觉得这有点类似，但是不尽相同。

厂家与经销商是一种相互依存的关系，厂家之所以需要经销商，是因为看上了经销商手中的三件宝：资金、物流和团队，而经销商看上厂家的三件宝是：品牌、产品和利润。

由于这个相互依存的关系太过重要，我们这里展开阐述一下。

第一是资金问题的博弈：开工厂最怕资金链断掉，首先，现在上游的原材料一直涨价，而且付款条件越来越苛刻；其次，工厂运营所必须的料、工、费又是一笔极大的开支；最后，市场的投入，除了线下的基本费用，线上的广告、公关费用也是一个极大的负担。因此，必须用经销商的资金为自己解决燃眉之急。

厂家与经销商的结算方式有三种：一是铺底月结，即先发货后收款，这是没有品牌的产品必须忍受的阶段；二是款到发货，即所谓的一手交钱，一手交货；三是先打款后发货，甚至还要交数额不小的“保证金”，这就是典型的“厂大欺客”。

第二是物流问题的博弈：快速消费品的经典渠道比例，是现代渠道与传统渠道的三七开，即 30% 的货进大卖场、大连锁，70% 的货要通过分销商、二批商铺到大街小巷、县城乡镇乃至村里面的小卖部。这是中国市场的现实，没有任何一个厂家包括可口可乐、宝洁这样的跨国公司，敢自己把物流单独承担下来，而经销商经过多年的属地化苦心经营，逐步建立起这样的铺货渠道与物流配送体系。在这个问题上，厂家只有与经销商手头其他品牌产品抢食争宠的份，没有多大的发言权。

第三是团队的博弈：厂家的团队与经销商的团队是一种很微妙的关系。如果厂家的团队以服务终端为主，则成了“保姆式”的服务，经销商会事事依赖，开口闭口让厂家去大卖场处理这个那个问题。如果厂家的团队是协助铺货、分销为主，则成了“助销式”服务，很多市场空白区域的开发、铺货线路、拿单收款的事，经销商会一脚踢给厂家的团队来干。还有一种“简约式”的服务就是，每个月厂家业务员把款一收然后货一发，就看不到人影了，下个月底他晃晃悠悠又出现了，一个季度左右，总部营销中心会有个总监之类的人来陪老板打个麻将、洗个脚然后喝个大酒，如此循环反复。

经销商处在厂家与终端的夹缝中，表面上比较弱势：

第一，他需要厂家的品牌，来树立自己的江湖地位，这样他可以顺利地在当地建立起自己的销售网络。一个经销商手头大牌产品的多少，是他在当地市场业界地位高低的直接体现，所以尽管经销商总是向厂家过来考察市场的“上级来人”抱怨这个产品不赚钱、那个费用不给报、那个业务员不积极配合工作等，但如果你要取消他的总经销权，他立马换脸谱，让你如沐春风。

第二，他需要通过大品牌产品的吞吐来支撑自己的生意运行。经销商从事的是贸易行业，自己省去了研究市场、选土地进设备建厂房办工厂的麻烦，但是，产品毕竟是人家的儿子，你养大了还是人家的。把市场做大了，经销商就被撤换的事，市场上每天都在发生。所以，有经销商看准一个产品，自己注册一个品牌去 OEM，慢慢做大后就办工厂的，如大汉口热干面的刘海元先生以前就是在汉正街做经销商的；也有化妆品经销商不愿进大百货公司设立专柜，自己直接建设下游零售连锁店的，如惠之林的董事长蒙裕平。

很多企业吃过记者的亏，因而把企业与媒体的关系定位为："离不开，惹不起，靠不住。"很多人也试图用这个定位来描述生产厂家与经销商之间的关系，我们觉得它们之间有点类似，但是不尽相同。

第三，经销商最看重的还是经营产品的利润。这里面的规律就是，名牌产品利润薄，普通产品利润高。名牌产品铺路，普通产品赚钱，但是，也有既是名牌产品又利润高的产品，这样的产品叫做“硬通货”，谁接到这样的产品，一定是幸运之极。这样的产品就是类似南方黑芝麻糊、王老吉这些有广告支持，消费者认可，基本不用进仓库，货一到就被下游接走的畅销品。

明白了厂商之间关系的实质，我们该如何“控制”经销商呢？

【案例】

娃哈哈的“联销体”

如果不看合同，很多人说不出“联销体”的全名是什么，这里我们主要讲一下“联销体”的原理。

宗庆后不愧是江浙商人的智慧集大成者，娃哈哈近1000亿元的生意，仅有3000来个厂家业务人员，几乎所有的下游工作，都要由经销商来完成，他如何控制这个庞大的网络？

娃哈哈每年都出新品，我们看看它在新品不同成长阶段的不同客户策略，就知道这其中的奥秘了：

产品导入期：扶持大户，发展中户，放弃小户。

产品成长期：依靠大户，扶持中户，发展小户。

产品成熟期：压迫大户，依靠中户，扶持小户。

这是一盘下不完的棋，在产品的导入期，需要扶持几个大户，便于集中打款、集中发货、安排生产，而且大户的成功也给市场带来信心，为广大的中、小客户树立榜样。

在产品的成长期，销量见长，大户已经基本稳定，但是毕竟数量有限，这个时候需要一大批中坚力量来消化工厂正常生产后，流水线每天吐出来的产品，小客户也开始进入视野。

在产品成熟期，市场已经趋于饱和，大户也出现惰性，有些开始跟厂家讨价还价，这个时候必须对大客户进行威逼利诱，否则太阿倒持，很多厂家都经过这样痛苦的过程。这个时候中户成为中流砥柱，小客户开始分流一些大户放弃的区域、渠道，在厂家的扶持下，慢慢为区域销量的增长贡献力量。

总之，经销商处于产品流通的中游，上游厂家与中游经销商就是一种“控制与被控制”关系，这一点没有什么不好意思的，你只要在产品入市的阶段，把握好节奏就可以了。

而相对于厂家来说，经销商多数是夫妻店起家，规模的成长有一个过程，管理手段基本上是人治，核心员工也都是亲戚加老乡，绩效考核也就是简单有效的底薪加提成。因此，厂家对经销商也有扶持与培训的义务，让他们跟上厂家发展的步伐，达到双赢。

第二种　如何控制零售网点

这两年有这么一种“特殊体验”：去到一家餐馆吃饭，感到口渴的时候，让服务员拿一罐“王老吉”，5 分钟后，服务员端上来的是一罐“加多宝”。点单的客人往往相视一笑（苦笑或者意味深长的笑），然后接受现实，不了了之。据说，帮王老吉打官司的律师不信这个邪，在法院办完事去隔壁餐馆就近吃午饭，点饮料的时候特别强调要“王老吉”，其结果相信你在那段时间的微信、微博上也看到了。

如果有好事者继续不依不饶地问服务员：“小姐，我点的是王老吉。”老实点的服务员会不好意思地解释：“对不起，我们这只有这个。”调皮点的会逗你开心：“先生，加多宝就是王老吉！”如果你继续追问，会有一个穿着黑色制服，级别似乎高点的领班来解释，他会低头跟你耳语：“对不起，先生，我们这被加多宝包场了！”

“包场”这个控制终端网络的竞争手段，在啤酒、红酒行业已经是“显规则”了。

说是“显规则”，是因为厂家、经销商、网点之间是有正式约定的。但是，如果你用《反不正当竞争法》来衡量，这显然又是不合法的行为，问题的关键是，他们之间的约定是白纸黑字的文件呢，还是口头的君子约定呢，这个外人很难知道，执法部门也无从知晓。

对于一些相对封闭的渠道，厂家可以做到这一点，说白了，这也是跟国家的“烟草专卖”、“盐巴专卖”、“石油专卖”学的。对于绝大多数的快速消费品而言，经销商要么没有能力，要么没有资源去这么强势地控制零售网络。那么，他们该如何控制网络呢？

【案例】

皇氏乳业的三级网阵

皇氏乳业是我国乳业板块第 4 家上市公司，不做股票的朋友可能对这个排位没有感觉，但了解另外一个数据你就知道了：中国销售额上亿规模的乳品企业有 600 多家，有品牌有网络的也有近 300 家，为什么一个身处十万大山的边陲乳企能够脱颖而出？这是有一定道理的。

我们前面介绍过它的品类是“水牛奶”，它的大单品是一款叫做摩拉菲尔的“不用放冰箱的酸奶”，那么为什么蒙牛、伊利、光明乳业这些大的乳品“航空母舰”，对皇氏乳业这么容忍，让它在一个区域市场过得这么滋润呢？

这是因为皇氏乳业高瞻远瞩地修筑了大量的可控网点，这些网点如沟渠一样的细密，形成一个“网阵”，对于这样“沟渠”般的网阵，“航空母舰”虽然来势汹汹，最终也只好望“沟渠”兴叹！

我们今天来欣赏一下这个外人一般无法了解、了解了也无法学习、学习了也无法实施的“三级网阵”。

一级网阵：直营奶站

皇氏乳业在区域市场建设了×××个社区直营奶站，由总部的销售公司直接管理。销售公司下设配送公司，将市场区域按照配送半径切分设立奶站，奶站设站长，下面配置×××名全职送奶员。由于是厂家直营，效率高，管理到位，因此这个零售网络是铁板一块，竞争对手无法攻破，蒙牛、伊利、光明乳业也不可能专门为这么一个看上去小小的区域市场推行一个管理细致、队伍庞大、后台系统强大的直营系统。

二级网阵：专卖店

如果说设立在居民社区深处的直营奶站，是自己强势控制的核心渠道，那么设立在非商圈的街边“皇氏乳业”专卖店，就是其主要的零售渠道。专卖店有旗舰店与示范店，然后吸收社会资金，在广大市场开始设立加盟店。

专卖店模式是我们2006年开始为皇氏乳业精心打造的一个快速扩张模式。有统一的视觉形象、统一的货品、统一的物流配送和统一的价格，不同之处是，店主有些是皇氏乳业自己的人、有些是经销商、有些是分销商、有些是手头揣着十万二十万元不知道该干吗的社会投资者。

这样的模式，蒙牛、伊利、光明乳业照样学不来，为什么呢？因为专卖店的商品在物理层面与附近大卖场的商品必须在规格、名称上有所不同，在经济层面的价格、利润又与卖场产品有所区别。这些大的“航空母舰”不可能为这么一个专卖店模式，又单独来出产一批专卖产品，设立一套专卖店的价格体系。这样的模式，对他们来说吃力不讨好。很多传统企业，开网店举步维艰，也是这个道理。

那么，自2006年推行“专卖店”网阵计划以来，皇氏乳业的专卖店开设了多少家呢？对整个销售额的贡献比率有多大？大家可以看看上市公司的报表。

三级网阵：加盟奶点

奶点与奶站的区别是，奶站是一个企业直营的配送服务中心，奶点是一种个体经营的商业零售点。奶点与专卖店的区别是，专卖店是只能卖皇氏乳业的产品，而奶点是星罗棋布在大街小巷、城市乡村的小卖部，什么杂七杂八的糖烟酒洗衣粉都可以卖。

这样的奶点如何控制？一是更换店面招牌，把店老板五花八门的招牌，统一换上美观、大气、24小时闪亮的艺术店招；二是铺放冰箱，只要留出放冰箱的位置，就免费放置一台贴有皇氏乳业广告画的冰箱，既然是皇氏乳业的冰箱，里面放竞争对手的产品，就说不过去了，而且一旦发现，就要有相应处罚。这一点虽然没有啤酒、红酒包场那么狠，至少是与店老板形成了利益共同体，很多奶点的店老板生意慢慢做大了，就变成皇氏乳业的专卖店了。

这些运营上的商业技巧，有时很难用战略来形容，但是细致的商业竞争手段、深入的范畴一定会产生很多新的战术，成功的战术积累下来，成为模式后，就具备了战略的雏形。很多专家说“战略来自一线、战略源自战术”，是有一定的道理的。

对零售网络的控制，在营销竞争中，其重要性也慢慢凸显。很多企业也已经将这作为战略，提上了思考的议程。

至于零售网点的划分，我们通常分为：重点店、活跃店、基础店、间歇店和僵尸店这样5大类。根据不同的分类，进行日常的走店管理，这是正常的网络管理手段（术），谈不上战略高度的“控制”（道），这里就不再详尽介绍零售网店管理的工具与方法了。

第三种　如何控制销售团队

我们到任何一家企业，如果见到一个在楼道甚至公共办公区里旁若无人地大声打电话，去老板办公室横冲直闯、懒得敲门的人，不用说，那个人就是营销总监。

所有的老板与营销总监之间，都有一种微妙的博弈关系。

销售，在南方叫做“生意”，北方叫做“买卖”。真正的商人见面，很少会拿腔拿调问你销售好不好，如果是南派商人，一般都问“生意还好吧?”如果是北派商人，会问“买卖不错吧?”老板心目中的营销本质是：“把东西卖出去，把钱收回来!”谁在企业有这个本事，谁讲话的声音自然就大，走路的姿势自然就是大摇大摆的。至于其他什么行政啊、财务啊、后勤啊，在销售人员眼里，那都是“吃闲饭的”，甚至与销售紧密配合的市场部，有时候在有些公司里都会被一线销售人员瞧不起。

所有经营性机构财务报表中损益表的第一栏都是“销售收入”。销售团队在军队里就是野战部队，在等级森严的皇权社会也有所谓的“将在外，君命有所不受”的说法，因此，他们在企业里嚣张一点，或者自我感觉良好一点，似乎是可以理解的。但是，话又说回来，放眼古今中外，又有几个皇帝对远在天边的大将是踏实放心的?

“功高震主”不说，你手握大权如果脱离掌控，或者来一出“陈桥兵变”、“石达开出走”，那企业可要伤筋动骨，是要命的大事。

老板有这样的防备之心是必要的，因为营销团队出来的人，离另起炉灶当老板，说只有“一步之遥”那都说远了，简直就是只隔着一层窗户纸。

远的安史之乱、吴三桂、杨秀清、石达开就不说了，近的可以了解一下蒙牛是怎么诞生的，步步高是怎么横空出世的，陆先生怎么离开创维的，就知道虽然这里面的孰是孰非、谁对谁错，外人很难判定，但是老板与营销实际操盘人之间的微妙关系，是耐人寻味的。

我们到任何一家企业，如果见到一个在楼道甚至公共办公区里旁若无人地大声打电话，去老板办公室横冲直闯、懒得敲门的人，不用说，那个人就是营销总监。

于是有些老板干脆说，作为企业的出发点，一定要做可控的生意，如果生意控制不住，宁可做小点或者不做；如果人员不听指挥，就早点杀伐决断，宁可不用。这样，一定对吗？

其实，这里涉及一个重大的企业文化问题：我们是实行人治，还是法治？

如果一家规模很小的公司，从老板到下面玩权术、斗心眼，总是你我猜忌，整天搞得人心惶惶，这个显然不对。如果全盘西化搞一刀切，处处制度、事事原则，搞得制度比院墙高、流程比长江长，那也是不对的。

我们需要一种管理文化：以考核为基础，以人性为依归，给员工压力也给他们机会，有本事绝不亏待他，没有本事就安分守己做适合自己做的事，这样的制度会让坏人也变好人。

【案例】

丰业集团的背对背考核机制——“平均线考核”

从广州溯流而上，有一座轻工业名城——梧州。在解放前，这里的工业产值占据了全广西省的70%，直至今天，香港地区的很多物资，特别是岭南传统消费品都由这里供应。

这几年梧州出现了一家快速增长的企业：广西丰业投资集团（下称丰业集团）。这是一家以房地产开发，以及建筑、建材、能源、医药和食品的生产销售为主的企业集团。2013年，丰业集团实现销售收入近100亿元，净资产逾37亿元，利税超10亿元，员工达5000多人。

集团官网的资料显示：丰业集团的前身是广西梧州丰业房地产开发有限公司，成立于1998年1月。16年来，公司通过不断的收购、重组及对外投资，发展成为跨地区、多元化经营的企业集团，形成了凸显高科技、高效率、高成长的产业结构，构筑了以房地产开发为主要产业，以塑料建材、能源电池制造业和医药生产为实业产业，辅以新型药品批发、食品销售、商品流通、物业管理及对外投资等多头并进、健康持续发展的经营架构，进入了企业高速发展的新征程、新跨越。

母公司及核心全资子公司包括：广西丰业投资有限公司、广西梧州丰业房地产开发有限公司、广西粤凯建筑安装工程有限责任公司、广西梧州五一塑料制品有限公司、广西梧州冰泉实业有限公司等，营业收入、利润、税收等各项经济指标每年以50%的速度递增。丰业集团在高速发展的同时，已形成了具有丰业特点和较强凝聚力的企业文化。

基于各种机缘，这家公司的企业文化让我大吃一惊！官网上最后一句话，可不是粉饰太平或者空穴来风。

一说到企业文化，很多耍笔杆子的文化人就很来劲，说得头头是道，完了企业也不知道该怎么做。以我们20多年的切身体会，既然企业管理是以人为本，那么企业文化的核心就是搞好人力资源管理，而人力资源管理的核心，就是做好考核机制！

丰业集团从上到下的考核机制是怎样的？

他们成功运用博弈理论里的“囚徒理论”，设计了一个背对背的“平均线”考核机制，即：集团给各事业部下达任务指标，根据各下属企业的不同发展阶段、不同基础、不同竞争环境，定出不同的绝对值基数，然后以完成率的平均数来考核。假设你完成了99%，而大家勇往直前，全集团完成的平均率是101%，你还是要被扣分。这个办法妙就妙在这个平均数是多少，每个月大家直到30号下午5点半下班都不一定知道，因为你完成多少、别人完成多少，大家都在咬着牙往前冲，谁也不敢出于哥儿们义气，把自己的任务松一松，等你一起来完成。

丰业集团这样的考核机制，如果用来考核你的营销团队，会有以下积极作用：

第一，将销售团队的注意力，从对行政、财务、内勤的看不顺眼变

成销售队伍之间的相互竞争。

因为“囚徒理论”的原理就是甲乙两个人被抓进警局，关进不同的囚室，警察对甲说：“乙已经招供了，你可以不招，但是那样会重判，你也招吧，这样你会立功。”同样的话，在另外一个囚室里，警察也对乙说一遍。这样会有四种结果：甲招乙不招，乙招甲不招，甲乙都不招，甲乙都招。

迄今为止，99%的情况是最后一种，甲乙为了自己减刑，都会把对方招供出去，这就是人性。

管理的出发点，考核的着眼点，就是先把人想象成坏人，然后出台约束机制与激励机制。这个平均线考核一下就让销售团队把力气用在看谁冲在平均线之上的较量上面了，这对完成企业总的业绩绝对是好事。

第二，竞争者之间很难形成山头与非正式组织。

分权制、授权制的好处是专职专责，其弊端就是很快形成一个个小山头，一开会从大家的发言就可以看出各种本位主义。如果仅仅是本位主义还好办，最怕的是销售团队形成与老板叫板的山头，管采购的形成控制上游的团伙，管财务的形成资金管理山头。所以，平均线考核的出现，让各部门之间也形成竞争关系。这种竞争关系是良性的，其结果也是好的。

第三，可以发现真正德才兼备的人才。

虽然是竞争，但是毕竟是企业内部的竞争，一段时间后会发现：有德的人，对于弱者与落后者，还是会伸出援助之手的，而有些人会采取种种煽风点火、落井下石之类的手段。

第四种　如何控制营销费用

营销费用，是企业最大的费用支出。

从功能上看，营销费用有用于扩大销售的市场费用，有用于团队运作的销售管理费用；从结构上看，有与人员挂钩的固定费用，有与销量挂钩的变动费用；如果把损益表的二、三级科目列出来，销售费用的明细表详尽地展示了你的钱花到哪去了。

有了明细表，知道钱花到哪去了，至于有没有漏洞，是管理部门的事；有没有违规，是审计部门的事；而这个钱该不该花，才是老板要考虑的。

那么哪些钱该花，哪些不该花呢？

我们打开费用明细表一看，营销团队多少人、基本工资多少、奖金多少、差旅费多少，这是应该花的；再一看，租了多少办事处和仓库、租金多少、水电多少、日常办公费多少，这是应该花的。再一看，下面的就拿不准了，比如：广告费多少，是多了还是少了？经销商让利多少，是多了还是少了？终端推广、促销多少，是多了还是少了？

多了还是少了，标准是什么，如何去拿捏，就是我们今天探讨的重点。

从老板的角度，如何控制营销费用？我们还是回到动销的5个原点问题上来思考。

（1）扩大认知，该花多少钱

认知是动销5个原点问题中最基础的问题，没有认知，就谈不上需求。认知又分为两种，一种是自然积淀、一点就透的“历史认知”，另一种是必须花大力气去鼓吹、说服，别人还不一定相信，更不一定买账的“教育认知”。

如果消费者对你的产品有什么历史认知，你不太清楚，自己又无法通过亲友调研法去总结、提炼，那么你该请专业的公司去调研一下，这样的费用在20万元左右。

如果，你的产品历史认知很模糊，自己又想从企业的角度出发，从所谓的战略规划出发，去建立一个新的认知，你则需要在CCTV－1这样的强势媒体、《新闻联播》后面的黄金时段密集投放一段时间的广告。这“一段时间”的长短，受多方面因素影响，如果你的品类定位准确、广告创意优秀、内容诉求到位，可能一年左右的时间就差不多了，这样的费用在2亿元左右；如果你的定位不科学，创意很离谱，诉求又不聚焦，那就不知道烧钱烧到什么时候了。

(2)“勾引”需求，该花多少钱

如果通过调研发现你的产品具有广谱的历史认知，找出前三个比较有需求前景的认知，从中挑选一个，将需求的时机、消费的场景进行卡位，那么除了正常的广告费之外，就没有必要增加专门针对需求的传播了。

如果你的传播所依据的是一个全新的，自己创造出来的“教育认知”，则需求的对应诉求就要花费很大的力气了。

例如，云南白药牙膏基于云南白药“止血”的历史认知，很快就实现了“云南白药牙膏”可以满足“牙龈止血、消炎”的需求，这样就省钱多了。

(3) 培育品类，该花多少钱

品类的发育度如何，其逻辑前提就是认知度、需求量。

皇氏乳业推出的常温酸奶是一种“不用放冰箱的酸奶”，大家对酸奶有认知，但是对“不用放冰箱的酸奶”没有认知；对酸奶冰冻后肠胃不舒服有认知，但是对吃了常温酸奶“肠胃舒服”没有认知，而酸奶的需求一直是很稳定的。因此，品类教育的核心工作就是把“不用放冰箱的酸奶，肠胃舒服”的概念树立起来，这样该花多少钱？

我们做的预算是这样的：

品类初认知期：前3个月，广告投入与销售收入持平，即收回多少钱就投入多少广告，把收回的货款全部砸出去。生产、其他支出怎么办？靠老产品支持！

品类成长期：接下来的6个月，广告、促销费用占销售收入的

50%左右。

品类发育“催”熟期：接下来的3个月，广告、促销费用占销售收入的30%左右。

品类发育成熟期：广告、促销、推广费用维持在销售收入的10%左右。

如何判断自己的产品品类处在何种时期？看看你的认知度与需求量就可以了。

（4）品牌传播，该花多少钱

如果你单独去做品牌广告，哪怕花一分钱，我们都觉得是巨大的浪费。

那么，品牌广告该如何做？

品牌广告，要与你旗下的大单品、最畅销的产品一起结合起来做！品牌传播的投入产出，最理想的比例是1：20，即投入1000万元，收回2亿元，费用比在5%左右。

（5）价格让利，该花多少钱

每个季节的经销商打款压货，需要一笔钱；每个节庆、节点，终端促销、推广也要花掉一笔钱，这个多少合适？

对于新产品的压货政策，可以达到十送一的程度，就是10%左右的营销费用；如果是老产品、畅销产品、大单品，政策放到3%已经是可以造成冲货、串货的比例了。

对于终端的促销，最好是动静结合，动态的品尝、试用，费用在5%；静态的促销，最好不要动价格，采用定量配置赠品的办法。例如，在中秋节前7后3这10天里，拿出卖场进货的一半或1000件来做促销，每件配一个“保温瓶”，送完为止。

如何将5个问题，综合起来进行立体思考？我们来看案例。

【案例】

“黑营养”，南方黑芝麻老大战略的点睛之笔

南方黑芝麻集团是著名的上市公司，其“黑芝麻”战略高瞻远瞩、气势磅礴。前不久在CCTV－1黄金时段的“营养有黑白，我选黑营养”广告，堪称品类定位的一个经典案例，是民营企业中少有的大手笔。

“黑营养”是黑芝麻战略的核心概念，是黑芝麻“战略价值”的高度抽象化、概括化的一个载体。对于这个概念的传播，企业该花多少钱？我们做了以下的分析。

这个概念要产生营销上的动销驱动力，就是通俗所说的销售力，还要经过两大步：

第一步，关于“黑营养”的认知与需求教育，即黑营养是什么（认知），对我有什么好处，我为什么要吃它（需求）？

由于“黑营养”是一个全新的、企业以由内到外的思维“生造”出来的概念，无论西医、中医都没有这样的直接说法，消费者心智中也没有这样的“历史认知”，因此，企业只能通过大量、密集的广告去传播它，使它成为一个用钱砸出来的“教育认知”。这是一个长期的过程，一般企业不愿干这样的事，普通小企业也干不来。

第二步，“黑营养”必须与“黑芝麻”关联起来，而不是让黑豆、黑木耳去分享认知资源，这样必须有一个“黑芝麻”的大单品来承担这样的历史使命。

南方黑芝麻糊具备这样的实力，但是它属于冲调食品，夏天是淡季，销售额基本没有增长，不是一个未来成长性高的大品类，所以这个任务要更具有方便性的黑芝麻乳来承担。

那么，黑芝麻乳的消费时机，就不仅仅是“饿了”的时候了，因为希望“黑营养”的价值应该与一个更有独占性的认知、一个更有高度的“类功能”相关联，这样才符合“黑芝麻”战略的宏大构思与真正的战略意图。

因此，如何坚持传播“黑营养”是一个课题，必须解决认知和需求这两大逻辑问题。

很多营销界的朋友，对南方黑芝麻集团花巨资在强势媒体的黄金时段做这样的传播，表示不理解。如果站在战略的角度，再结合投入产出分析，您是否不再那么纠结了呢？

总之，所谓营销费用的控制，就是钱要花得明白，而明白就是花出去后有销量。

通过动销 5 个原点问题的系统思考，你知道了什么钱该花，什么时候花多少才有用。相信对如何控制营销费用，已经比以前有较大的进步了。

第五种　如何控制质量事故与公关危机

“人无完人，金无足赤。”企业也免不了有这样那样的质量事故，如果处理得当，就大事化小小事化了；如果处理不当，这些事故经过负面传播后，就“认知大于事实”，酿成公关危机。这段话的核心就是质量事故是难免的，不要让它传播失控，成为“公关危机”。这其中的关键在于“传播”二字。可见，质量事故后果的控制，在于传播的“控制”。

如何“控制”传播？

我们先来看看，质量事故是如何发生的。

第一种情况，发生在厂家的大门内。由于以下几种原因：某一批次的原材料不合格，造成质量事故。比如，前些年冠生园旗下南京某分厂月饼的馅料出现问题，造成产品质量不过关；某一生产现场管理不规范，如光明乳业郑州某分厂回收牛奶再加工流程不规范，造成产品质量问题；某一特殊心态的员工，对企业进行报复，在产品生产过程中，投放杂质、有害物质等；决策层有降成本、侥幸的心理，给肯德基送肉的福喜集团，最近也摊上大事了。

第二种情况，发生在流通领域。也有几种情况：有消费者买到过期、变质、劣质产品，进行投诉；有“职业打假人”利用《消费者权益法》等，对产品“鸡蛋里挑骨头”进行恶意敲诈；有竞争对手指使代理人冒充消费者，针对产品的某一缺陷，精心策划并且做了手脚后，向经销单位及有关部门投诉。

第三种情况，发生在传播领域。这个情况更加复杂：早年三株口服液在湖南某地的一个小事故已经进入司法程序了，后来被某媒体一放大，“三株口服液喝死人”的消息不胫而走，没几个月三株集团就轰然倒下；每年的 3 月 15 日，即“国际消费者权益日”前后，很多企业都收到一些中央、地方媒体驻各地记者站的“样稿”，稿件上有名有姓、有时间、有地点地写着你的公司产品有某某问题，不一会“站长”就来电话了：“老板啊，消费者把你投诉到媒体了，新来的实习记者采访后，准备往总部发稿，幸亏我跟老板您是朋友，及时把这稿子截留了下来，今天的天气，哈哈哈哈！”接下来，看你会不会做人了。

我们国家还有一类财经类报刊专门瞄准上市公司，或者准备 IPO 的公司，先是派出一个采访团，像模像样地采访一番，然后列出一个宣传计划，其中有硬广（就是正规的收费广告版面）、有软文、有新闻专题报道，总之价格不菲。你做吧，没有这个必要，因为这样的传播，没有丝毫的正面意义。你不做吧，他们也很客气，喝个酒吃个饭就走了，正当你暗自庆幸省了钱之时，过几天某个网站、某个小报刊的文章就出来了，什么《六个××，真的有六个吗?》、《×××的十宗罪》等，你开始还无所谓，但是不到几天你的股价直降，或者 IPO 的推进受阻，才恍然大悟。回头去找他们的时候，他们笑嘻嘻地拿出来的“菜单”，已经不是原来的那些“菜”，这回你要真正“大出血”了。

我们将以上的情况，简单分作三种类型进行剖析，是让老板们认识到现在传播环境的复杂性，你的产品在各阶段出现问题时，如何应对?我们这次来看一个反面的例子。

【案例】

三鹿是怎么倒下的

三鹿（全称三鹿集团股份有限公司）是家国企。国企在很长时间内是人们心目中占据“道德高地”的一种企业类型，人们对它的产品寄予了无限的信赖与期望。

国企又是国家相关监管机构的质量标准执行典范。在一般人的认知中，民营企业偷工减料，私人老板“无商不奸”，而国企执行起国家标准来肯定是不折不扣的，不信你看，三鹿都获得了国家质检部门的“免检证书”。

然而，就是这样一家人们信赖的国有企业，却闹出那么大的事，如果不是当时正在举办奥运会，这个盖子早就揭开了。

三鹿的倒下，其经过大致是这样的：

一是已经连续多年质量存在问题。事后参与检验的有关人员说，人家个体户还只是“往牛奶里面掺三聚氰胺”，三鹿简直是“往三聚氰胺里面掺牛奶”。业内人士早就意识到，三鹿如果质量不做假，同样等级的产品根本不可能以那么低的价格出售，去抢夺农村市场。

二是非常积极主动地掩盖问题，但是死不悔改。三聚氰胺事件爆发的几年前，在安徽阜阳的大头娃娃事件中，很多知道内幕的人就指出三鹿也有份涉及事件。但是，三鹿通过某些手段，蒙混过关。在三聚氰胺事件正式爆发后，三鹿还动用“组织力量”，试图掩盖事实。最后，相关党政领导也被拖下水了。

三是非常拙劣地进行媒体公关。在负面消息扑面而来后，三鹿居然顶风在 CCTV 上播出企业专题片，详细介绍它的奶源如何、工艺如何、配方如何，CCTV 的主持人居然也声情并茂地站在车间流水线上，为它做“正面报道”。与此同时，三鹿还花大价钱去网上删帖，结果删了这个网站的，那个又出来了，最终“纸包不住火”，巨额公关费“竹篮打水一场空”。

三鹿的倒下，给我们的三个教训就是：

一是打铁本身钢要硬。产品质量是硬道理，没有质量基础，就没有百年基业；在日本，出现这样的丑闻，老板是要剖腹的；在德国，出了这样的事，老板是要卧轨自杀的。

二要积极改进。“人无完人，金无足赤。”出现了问题，第一时间就是要找出原因，积极解决，而不是要掩耳盗铃。一个烂疮不及早治疗，就会造成大面积溃疡，“千里之堤毁于蚁穴”。

三要学会面对媒体。这个是重点，媒体跟经销商一样，企业与它的关系，就是那三句话：“离不开，惹不起，靠不住。”

面对媒体，除了保持正常的广告投入之外，还要学会对付小记者。俗话说：“阎王好见，小鬼难当。”现在的小记者都有发稿的任务，也要靠记工分吃饭，特别是实习记者，为了获得正式编制，无不使出混身解数，一旦被他们瞄上，你得学会脱身。

首先，你得学会低头，第一重要的大事是保证不要见报（公开报道)。见报前，事情影响有限，还好处理，见报后，影响大了，你是谁也都没有用了。

其次，你要学会使用“中性”语言，不要把自己日常工作、生活、交友圈子里的“行话”，随口带到与媒体记者的交谈里来，更不要抖机灵、耍聪明，被人家抓住小辫子。

还记得河南某官员训斥记者的话吗？这哥们真把记者当下属训斥了：“你们记者是为政府说话呢，还是为老百姓说话呢？”这位老兄你现在心里是这么想的，没错；你平时在自己的圈子里，是这么认为的(政府和老百姓是两码事)，也是这么去做的，这也没“错”；错就错在你直接不加修饰地就说出来了。那要怎么说呢？你可以“中性”地说：“请记者同志维护来之不易的安定团结的局面，均衡地考虑政府工作推进的难度、效率与个别诉求较高的钉子户群众之间的关系。”这样一来，大家不就都过得去了吗？

抖机灵、耍聪明的代表作，是铁道部某发言人的那句：“不管你信不信，反正我信了！”这样的回答，在记者们看来千金难求，简直不用打草稿，就直接可以作为语不惊人死不休的标题了。如果你的对话里，出现“质量问题人人都有，你干吗老盯着我这一家”这样的妙语，则你的事情不被记者搞大也难了。

最后，要多多体谅记者的难处，平时广交朋友。记者也是人，也有七情六欲，也有孩子要上学，爹妈要住院，老婆要下岗的问题，也有住豪宅、开好车的想法。

对于已经出现的公关危机如何去处理，现在很多这方面的培训教材，这里就不多介绍了，我们要把握的是一种尺度：就是要未雨绸缪，事情如果出来了，记住“认知大于事实”的原则，扭转人们的负面认知，让他们记住正面、值得同情、表示理解的“事实”。

第六种　如何控制价格

价格是一切商业交易的桥梁。

其实，历史告诉我们，不仅仅是商业交易，国家之间的外交、政客之间的博弈、黑社会之间的抢地盘，一切的交易行为无不存在着一个“价格”。所谓的成交，就是“价格”谈妥了，反之，没有成交就是“价格”没有谈妥。维持了一段时间的“价格”要是有了巨大变化，意味着交易稳定的“桥梁”塌了，交易双方就有人要掉下水了。

那么，价格在什么时候会出现波动，什么时候会失控，我们如何去控制价格？

首先我们来看，价格什么时候会出现波动。经济学原理告诉我们，价格是“供求关系”的反应。供求关系平衡，价格就稳定，供求关系失衡，价格就会波动。供不应求，价格上涨；供大于求，价格下跌。其次，价格什么时候会失控呢？就是供求关系“长时间”无法达到平衡状态，价格就失控了。最后，我们如何去控制价格？一说到控制价格，很多人马上就联想到，给各级经销商发传真，要求严格执行价格体系，否则如何如何；同时给自己的销售团队下达红头文件，严格规定巡查各地，拿到经销商破坏价格的证据，如何如何。

我们用动销的 5 个原点问题一分析，就知道这些都是治标之策，不是一个老板所要真正解决的事，那如何控制价格呢？

价格是供求关系的反应，控制价格的治本之策，就是保持“供不应求”的状态，这个不是通常所说的“饥饿疗法”，而是从消费者需求的根本上去加以解决，做法分三步：

第一步，不断地扩大认知。通过告知、解释、提示告知消费者产品的特优利，不厌其烦地用各种媒体“解释”产品的好处、使用方法，不放过任何机会“提示”产品的消费时机、消费场合。

第二步，不断地扩大需求。不断扩大产品的消费人群、不断延长产品的消费季节、不断尝试产品新的使用（食用）方法、不断创造产品升级换代的机会，等等。

“好卖就涨价”——这是重点。很多人固执地认为，“价格控制”就是防止价格下滑，这大错特错！价格的控制，就是不断地涨价！这是资本主义几百年来的不传之秘，这也是垄断资本家的不二法门。没有涨价权，谁认为你控制了价格？

第三步，不断地提价，“好卖就涨价”——这是重点。很多人固执地认为，“价格控制”就是防止价格下滑，这大错特错！**价格的控制，就是不断地涨价**！这是资本主义几百年来的不传之秘，这也是垄断资本家的不二法门。没有涨价权，谁认为你控制了价格？

需求在你的不断折腾下，人为地扩大了，那么供应就“相对”减少了，根据供求关系规律，你就可以名正言顺地提价了。比如，香港奶粉的需求，被内地奶妈人为地折腾大了，就算香港卖奶粉的店铺老板是个傻瓜，也会每周提一次价。

“好卖就涨价”，是本节的核心要旨。

拥有提价权的秘诀是：扩大认知、扩大需求，制造“供不应求”的大好局面。

【案例】

大宋王朝319年的得与失

最近，很多历史学家在谈到宋史的时候，认为赵家是大生意人：“陈桥兵变，黄袍加身”就是谈判的结果；太祖皇帝面对满朝悍将功臣，兵不血刃“杯酒释兵权”，其本质就是一场交易。赵家南北宋加起来有300多年，这个安定团结的局面可了不得，内政方面就不多说，由于对内有皇权威仪，有文官主政的治理思想，造成经济与文化繁荣昌盛。可是对外政策，特别与北方域外那些彪悍的蛮人和平相处，可不那么容易，他们老赵家是如何实现的？

赵家皇帝发现：大宋最不安定的边疆是北边，北边最不安定的时间是冬季，因为每到冬天，域外的游牧民族就没有饭吃，没有饭吃就来边境抢夺，一来抢就要打仗，一打仗双方都有伤亡，而伤亡数目是可以计算的。比如，最近几年打了几次仗，每次打仗双方死伤兵力多少、马匹多少、烧毁城池房屋多少，这些东算西算，就折算出一个价格来！这么着得了，我大宋王朝物产丰富，人民安居乐业，国库有的是钱，每年秋冬之交，我给你北方这些化外之民一些粮草布匹，你也省得每年来抢，我也省得整天提心吊胆无法安睡。如果你贪图我的国土，那没得谈，我杨家将、岳家军可不是吃素的！

还别说，这个交易居然还谈成了，也换来了北宋167年的和平。“靖康之变”之后赵构跑到杭州建立南宋，半壁江山也存活了152年，可见赵家深谙“交易”的本质是“价格”。

如果赵家子孙自己争气，不要整天琴棋书画踢足球，不要挖地道半夜去会一代名妓李师师，不要丢掉中华民族的尚武精神，一手抓经济，一手抓国防，密切注意国与国之间军事实力此消彼长的失衡，以那时的生产力发展速度，包括纸币的出现、科技的进步（《梦溪笔谈》）、工商业的发展（西门庆家就有很多店铺，武大郎也没有种田，而是满街卖烧饼咧），资本主义首先产生在中国也不一定。

我们今天用“价格控制”的思维如何看待这段历史呢？

第一，赵家后人要不断地扩大游牧民族对宋朝军事实力强大无比的认知，让他们知道，求和是大家最好的出路。否则，见一次打一次，小子别让我看见你。

第二，要不断地压缩对方的生存空间，将边境往北推进，使得对方冬季的生存环境更加恶劣，对宋朝“接济”的需求依赖性更大。

第三，“好卖就涨价”。利用对方对自己的依赖，不断地要求对方减少军队，减少骚扰次数，减少“漫天要价”蛮不讲理的情况出现。

逆向思维，“好卖就涨价”是价格控制策略给我们的又一启发。那些价格失控之后，被动地发传真、发红头文件去“控制”价格下滑的企业，多半是经销商压货很严重，大卖场、各级终端临期产品堆积，无法消化“供大于求”的行为造成的后果，是低段位的营销团队干的事。

那种控制价格下滑的办法，你已经有切身体会，甚至无师自通，这里就不多说了。

第七种　如何控制窜货

一个产品开始窜货，说明已经过了初认知期，品类已经发育成熟了，之所以在各区域之间窜来窜去，是因为供求关系出现不平衡，这种不平衡有自然的不平衡和人为的不平衡。

如果是自然的不平衡，这是一个好现象。如果是人为的不平衡，也要区别对待。如何对待？有时要杀一儆百，有时要雷声大雨点小，有时要睁一只眼闭一只眼。就跟《孙子兵法》说的一样，“兵无常势，水无常形”。

在本章的营销运营 7 个控制要素中，控制窜货可能是从老板到营销总监再到基层业务人员最提不起积极性的一件事了。

下面这个案例的标题是标题党的手法，关公没有大战过秦琼，王老吉也没有战过雀巢咖啡，但是他们都“窜”过货，不过都是控制在适当的、良性的范围之内。

【案例】

戏说王老吉大战雀巢咖啡

还记得 2003 年闹“非典”的时候，我在温州的一个酒店里遇到王老吉的业务员小徐，他说产品在温州的需求突然增大，周边丽水、义乌、台州的货，都窜过来了。我问为什么呢？他说这边的人认为“非典”的发烧就是因为上火，而王老吉可以去火，导致每个家庭都抢购，当地温岭的经销商仓库空了，就去义乌调货，其他金丽衢、台州、绍兴甚至宁波地区的王老吉经销商闻讯，都把库存的货发过来了。

温州这个地方很奇怪，经济很发达，但是大卖场不发达。温州老板到处出去开大卖场，而享誉国际，在全国其他地方很威风的大卖场在温州却开不起来，至今为止，温州市区的大卖场也就那么几家。这样的商业业态，造成温州的经销商都有自己的上游进货渠道及下游批发、分销渠道，而且零售价不受大卖场的标杆价格影响。也就是说“非典”这段时间，谁有本事去外地拿回一两个车皮的王老吉，就有本事可以不声不响地在自己的批发、分销渠道里卖掉，闷声发大财。厂家销售人员、厂家指定的总经销“看不到”，也“管不着”。

温州王老吉这个事例，就是市场需求的自然发展不平衡形成的自然窜货。

什么是人为的市场供求不均衡造成的窜货呢？

很多刚刚大学毕业的朋友很羡慕外企的营销人员。他们西装革履，出入星级酒店，每人取个英文名字，这个汤尼、那个杰西卡什么的，他们互相之间讲话都是夹着英文单词的，见到经销商也是开口多少 SKU，闭口多少 TG、多少“巴仙”（百分比）等。但是，所有的外企营销人员见到一个数字，都会不自觉地胃痉挛，甚至想吐，这个数字就是让外企营销人员闻之色变的“30%”——所有的团队、部门任务每年无条件增长 30%！这是一个外企魔咒。

改革开放开始那些年，很多公司的总部还在欧洲、美国本土，亚太区的总部大多数在香港地区、新加坡，那么如何管理中国内地市场？跨国公司讲究数据化管理，下指标呗！下多少？中国 GDP 增长率为 10% 左右，每年物价 CPI 增长率为 5%，要求团队努力的自然增长率为 15% 左右，加起来就是 30%。超过 30% 了是爆发式增长，多了不好控制，以后也缺少后劲；低于30%说明团队市场拓展不力、效率低下，因此这样的指标，基本是总销售额三年翻一番。

30%的增长率，开始几年好办，到了三五年以后，基数大了就吃力了。但是军令如山，外企是官大一级压死人，怎么办？窜货！

××咖啡每年都出一个具有中国传统文化意义的礼盒，猴年出猴年礼盒，马年出马年礼盒，礼盒年年出，指标年年涨，涨到嗓子眼上，没法喘气了怎么办？外企也无师自通窜货。

那年我还在上海南浦食品集团做市场总监，公司总部还在浦东商城路，年末的时候林老板把任务交代下来："老余，帮××咖啡走走货吧！"走货？我知道大显身手的时机到了。

帮大品牌窜货其实很简单，先向外企大区总监这个级别的哥们把费用申请好，一般来说，这样的大品牌都是硬通货，厂家总监给我10%，我放5%出去，就大功告成了。

接下来就是翻开电话本打电话，全国做食品的有几个大市场，每个大市场有几个大户，这些大户都是老朋友，一接电话大家心照不宣。我记得第一个电话打到汉正街的李汉清大叔那，寒暄几句，两个车皮搞掉了；又一个电话打到义乌陈泽勇，骂了两句没良心的家伙之类，一个车皮搞掉了；再打一个电话到广州一德路老吴，问了一下珠江涨水了没有，又一个车皮搞掉了；还剩下两个集装箱，找谁呢？杭州富阳的蒋宏亮，这个小兄弟从未来米粉出来，自己创业做经销商，拓展了富阳、桐庐、临安、萧山等几个地方的县乡渠道，也可以为老哥哥我分忧了。一个电话过去，问了一下富阳最近洗脚哪里服务好，江边那家川菜馆老板娘换人了没有，小蒋也搞定了。一个下午，老板交代的任务完成了，但是在其他组同事面前，我得做出窜货这事很吃力很为难的样子，足足把报表压了一个礼拜，看看其他各小组的同事任务也接近完成了，我才跟大家一起把战果上报给顶头上司周光照。

这个外企故事就是人为的压货政策造成的市场不均衡，所产生的窜货行为，你见多了。

如何控制窜货？

如果是自然供求不平衡，厂家应该及时出面，组织区域经销商之间有秩序地货源再分配，以免这边缺货那边积压，特别是避免经销商之间相互自发调货，造成价格混乱。

如果是人为的供求不平衡，造成区域间的窜货，要看看企业处于何种发展阶段：

（1）如果企业每年以 30% 以上的速度在发展，就睁一只眼闭一只眼。

（2）如果企业增长率在 15% ～30% 之间，就雷声大雨点小，做做样子，任其自然。

（3）如果企业增长率已经低于 15%，说明企业的产品已经进入饱和期，价格问题已经十分的敏感，这个时候要积极保护各区域间的经销商的利益，严格控制货源，一旦发现窜货，必须杀一儆百，否则会造成价格体系崩盘。

到此，"由内及外"，如何保证你的产品畅销起来的内容，我们分享完了。由内及外，似乎操之在我，但是其方向，却是以"由外及内"的顶层设计战略做指引，这样所有的力气才能全部花在与动销有关的 5 个原点问题上。否则，你的营销方案再好，也是自娱自乐。

市场竞争永不停息，战役是一段一段的，阵法构思精妙与想法粗糙，节奏的合拍与错乱，控制的拿捏准确与忙乱失措之间的资源浪费差别会很大。采取何种策略、何种手段，才能**"高效率、低成本、低风险"**打赢每一仗，这要靠老板与营销团队多多积累经验，没有什么现成的模式可以照搬照套。

下篇
如何让你的企业长盛不衰

——在竞争中赢得竞争的战术组合

做生意，不是速战速决，也不是持久战，而是像呼吸空气一样，每天生活在竞争之中。

上篇从消费者购买决策角度，研究了产品畅销的原点问题；中篇从营销运营的角度，探讨了如何去实现畅销的问题；下篇主要从竞争与成长的角度，看看各个生存阶段的企业，如何围绕动销、运营来展开竞争，使得自己的企业长盛不衰。

我们发现：市场不是自己想怎么做就怎么做，想做多大就做多大的，而是要看在整个竞争格局中，竞争对手在怎么做，竞争对手能容忍我们做多大！这个需要“由外及内”的思维。

打工的人心里总在想着如何讨好老板保住饭碗，同时寻找下一份更好的工作。

当老板的，一边要尽心尽力稳住手头的生意，一边要留个心眼密切注意外面的竞争环境，看看有什么新的竞争机会。管理学上有个很有趣的观点是：绝大多数生意不是来自熟人，而是来自圈子之外的“陌生人”，这跟你接触的圈子有关系。

最近微信上有个小段子：一位女子跟男友吵架后气得想哭，但因为爱面子，不敢回家哭，后来突然想到干脆去殡仪馆里面哭，因为在那里无论怎么哭，别人一定都不会觉得奇怪。于是她找了一间正在为一位老翁举行丧礼的灵堂，放下心蹲在地上痛哭起来。两名穿了黑色丧服的中年妇女见了，抱怨道：“这死鬼……在外面竟然还有小三。”商议后走过来将她扶起，安慰说：“老三啊，看你哭得那么伤心，我们决定分你两千万元现金，其他的房地产和公司股票什么的，你就别想了，行吗?”这个小段子告诉我们：去陌生人圈子展开竞争，可能有意外收获!

据说李嘉诚无论多忙，每天必见三个人：财务顾问、法律顾问和咨询师。大老板自己有多少钱不一定很清楚，每天见见财务顾问，了解一下进进出出的钱，这个容易理解；生意做大了，安全第一，不要惹什么官司，因此要与法律顾问每天碰碰头，了解一下各地的生意有什么纠纷或者手续上是否合法合规，这个也是十分必要的；那么见咨询师主要是干什么呢？主要是扩展自己的视野，更新自己的观念和商业模式，使自己的知识升级，管理机制升级，朋友圈升级，特别是了解自己圈子以外的世界发生了什么事，有什么竞争机会。

老板通过与顾问的深度交流，对这些内外部的事都了然于胸后，思考一下各种情况，再把骨干召集起来开会，就要布置工作了。

据说李嘉诚无论多忙，每天必见三个人：财务顾问、法律顾问和咨询师。

一般人一定以为大老板开会，肯定是满口的战略，满桌子的数据、报表，其实你大错特错了。不是老板们文化程度不高不懂战略，也不是老板们不懂管理不需要数据，而是老板们满脑子的都是“竞争”，日思夜想的都是如何拼杀疆场，将竞争对手打个落花流水逐出市场，将目标消费群一网打尽。因此，老板们开会，都是布置具体的战术，有单个的狙击战术，有组合的连环战术。

我们下篇介绍的竞争成长战术，就是试图总结归纳容易被企业忽略的不同发展阶段的战术组合。这些战术生效了，老板们的战略思想、战役目标才能真正落地。

下篇三章的内容不是以企业的大小为标准进行划分，而是以品类的成熟度来进行竞争战术规划，这才契合动销原点的本质。因为柯达虽大，在数码技术的竞争中，却处在起步阶段；“开心农场”虽风靡一时，但是已经慢慢淡出玩家的视野，再也没有男女老少半夜三点起来“偷菜”的盛况，已经处在瓶颈阶段。只有在层出不穷的新竞争中取胜了，企业才能真正的长盛不衰。否则像柯达那样，把富士整倒了，自己也倒了。

【第九章】

起步阶段的3种游击战法

品类的起步阶段，就像刚刚出茧的蚕虫，看上去肥胖，其实很虚弱。因此，这个时候的成长，最好是没有对手来“打扰”，让自己能找个“清静”的市场，花个半年一年把身子骨长起来。等到胳膊腿能够比划几下了，心气足了，胆子也大了，然后亦步亦趋地去模仿一些有效的战法。慢慢的，在局部市场胜出后，接着一片一片地去蚕食对方的地盘，最后取而代之。

第一步　避实就虚

练过太极推手的朋友知道，找到对方虚弱的地方很容易，以下三招很有实效：

首先，找到对方战略定位的虚弱点。

可口可乐是全民饮料，那么百事可乐就定位为年轻人喝的可乐。桂格燕麦片定在降血脂，西麦燕麦就定在肠胃舒服。定位是一切竞争活动的出发点，是产品存活的基础。从战略弱点下手，一下就掐住对方柔软的咽喉，十分有效！

其次，找到对方畅销市场区域的渠道虚弱点。

前面分析过，某类产品的畅销是因为认知相同、需求接近，因此其畅销区域是相同的。但是在同一区域内，各企业渠道模式、铺市能力、团队操作风格也有很大区别，如红牛从加油站起步，王老吉却从餐饮起步。找准对方渠道虚弱点，才容易发力。

最后，找对方一些战术个性弱点。

爱美是女人的天性，但是爱美就会爱打扮，爱打扮就会磨磨蹭蹭；豪爽是男人的个性，但是豪爽就会粗心大意，粗心大意就会丢三落四。企业的战术也是一样，有些老板是草莽出身，操作市场是大进大出；有些老板自诩为“儒商”，凡事必讲个“文化品位”什么的。就怕对方没有个性，只要有个性，就很容易找到竞争的操作手法。

【案例】

非常可乐去哪了

如果不看报表，很多市场专家肯定以为非常可乐早已经死了。但是，人家不但没死，还活得好好的，每年还有不错的增长率。

非常可乐去哪了？人家在三四线市场待着呢，这是市场区域避实就虚的经典战法。娃哈哈虽大，但是可口可乐、百事可乐更大，人家在美国经过几代人的苦心经营，市场遍及全世界。因此，在可乐碳酸饮料这个品类里，非常可乐还是个处在起步阶段的小弟弟，必须有非常的组合战术。

那么，在战略定位与品类输出广告方面，非常可乐是如何玩的呢？

近两年以来，可口可乐在玩个性化包装瓶贴，每个瓶子印上“高富帅”、“白富美”、“妈妈叫你喝可乐”等好玩的网络语言；百事可乐在玩明星大派对，每次活动都是10名以上的一线明星豪华阵营出场，让你想学没法学，想跟没钱跟。

而非常可乐在学三株口服液，在广大农村刷墙壁：“生女儿也是喜事，有喜事就喝非常可乐！”“田里大丰收，桌上要有非常可乐！”“家里买了车，亲戚朋友一起喝非常可乐！”“河上的桥通车了，赶集更方便了，赶集就喝非常可乐！”我相信在非常可乐幕后，一定有接地气的本土“非著名”策划老师。

第二步　亦步亦趋

等到身体虚弱的阶段过去了，可以学一学目标对手一些有效的竞争手段了。

红牛从加油站开始启动市场，前期的广告就是“汽车要加油，我要喝红牛！”这与它的战略定位“可以提神的饮料”有关，其内在逻辑是：司机是最需要提神的人，而司机又经常去加油站加油，“加油”在中国话里面又是“补充能量”、“加把劲”的意思，因此选择这个点来做突破，是成功的战术引爆点。

那么，加油站这个引爆战术如何模仿呢？

【案例】

加油站里的高端水，巴马丽琅

长寿之乡巴马，有一个水的品牌，叫做巴马丽琅，老板王华桥先生是湖北人，在中越边境当兵退役后，发现了这个商机，留在这个“第二故乡”一干就是十几年。

巴马丽琅的消费者“认知”是来自长寿之乡的水；“需求”的方向是均衡养生；这是一个高端日常生活用水的细分“品类”，“品牌”的排序还没有真正形成，定价要高于一般的水。

在品类还比较虚弱的阶段，巴马丽琅主要启动了省会城市机关办公室的桶装水。“机关用水”这个市场比较蓝海，而且讲关系、重人情，现金回收快。只要产品质量过关，服务上不要出什么纰漏，市场容量虽然不大，但是也足够一个小厂在起步阶段存活下来，逐步进入良性循环。

但桶装水市场毕竟有限，做瓶装的小支水，才是发展壮大的正确方向。可是巴马丽琅价格偏高，在超市、小店很难动销，如何破局？红牛的加油站战术，引起了王华桥先生的注意。

巴马丽琅早期的市场经理在加油站每天观察几个小时，终于发现：在很多加油站，有一半以上的人是持加油卡加油的。持卡消费的人有个习惯，就是对价格不敏感。比如一个女孩你让她用600元现金去买支眼霜，她会犹豫很久，但是你让她刷卡，她就立刻变得大方起来，好像那卡里的钱不是自己的似的，这个在消费心理上，叫做“信用卡效应”。很多加油站除了用加油卡加油之外，还可以用卡来买超市里的商品，因此“加油卡”也具有“信用卡”一样的心理效应。于是，经过艰苦谈判与精心策划，一夜之间，很多车友发现在去加油站加油的时候，如果刷卡消费，可以顺便买一两件堆在加油柜机旁边的巴马丽琅丢在车尾箱带走。

对众多司机朋友来说，矿泉水本来就是要买的，何况这个已经小有名气的“高端水”。平时去超市没有怎么注意，而且去大卖场买一箱水，又排队又不方便，这下好了，刷卡、取货、装车尾箱，一气呵成。几年下来，巴马丽琅已经成为这一带加油站的“标配”了。

可见，战术不要复杂，只要实用。

有用的战术，自己摸索起来很困难，而且从失败到成功的实验代价太大，时间也长。比较实惠的办法就是模仿，看看前后左右、各行各业谁的战术手段有效，再用动销的5个原点问题原理过滤一下，找出适合自己产品的成功关键，认真策划、仔细布局，这样很容易一炮打响。千万不要东施效颦简单模仿，那样的话你会死得很难看。

第三步　取而代之

在经过了“虚弱的避实就虚、蹒跚的亦步亦趋”后，企业的实力有一定的增长，品类在局部市场也慢慢成熟起来，这个时候可以在局部市场，一片一片地蚕食对手的地盘，这个叫做“取而代之”。

【案例】

漓泉啤酒的蚕食之道

如果问你中国哪个啤酒品牌最大，你可能举出青岛、燕京、雪花等两三个牌子来。如果问哪家啤酒企业效益最好，不是企业界、投资界专门人士，你可能就答不上来了。

现在可以告诉你，是桂林的漓泉啤酒。在20世纪90年代，我国有很多10万吨以下的小型啤酒厂，多的时候几乎是每个地级市就有一家，甚至很多县城也有一两家5万吨左右的啤酒厂。

在青岛、燕京、华润没有发起大规格并购之前，很多这样的小啤酒厂“军阀割据”各自为战，有些日子过得很滋润，有些过得很艰难。当时整个广西的啤酒市场，基本上桂北地区是漓泉啤酒的势力范围，而桂南地区是万力啤酒的地盘。夹在中间的，是柳州的鱼峰啤酒，生意马马虎虎，日子过得不咸不淡。

漓泉啤酒与万力啤酒都已经度过了市场的发育期，相互之间对对方的地盘虎视眈眈，但是又不敢轻举妄动，只是在市场边界的来宾、河池地区，发生一些小摩擦，双方都在等一个合适的机会，向对方的地盘发起攻击。

机会终于来了。随着中越关系的缓和，中越边境的边贸生意活跃起来。万力啤酒挟地利优势，率先在边贸生意上取得成功，而且利润可观。那几年也不知道怎么回事，越南同志和当地兄弟就是喜欢喝万力啤酒，说是“喝了万力，浑身很有力气!”几年下来，万力啤酒的出口量已经超过了产量的一半，与此同时，对国内传统市场的供货量就慢慢降了下来，服务也没有原先那么到位了，这一机遇被漓泉啤酒捕捉到了。

一开始，漓泉啤酒并没有直接进军万力啤酒的大本营南宁市场，而是从周边的宾阳、崇左、扶绥、上思等地县慢慢渗透。在渗透的过程中，也不是直接去撬动万力啤酒的经销商，而是另设代理商，从下往上从终端的小卖店开始，进行逐个蚕食。漓泉啤酒与小卖店甚至订立协议，只要专卖漓泉啤酒，公司保证它的利润达到多少，每个月只要销量达到多少，就奖励若干费用；如果掺杂销售其他品牌（当时也只有万力啤酒)，就取消奖励、扣除押金等。

这一招非常有效，很多小店老板一看，漓泉产品大家都知道，用漓江上游的水做的，水质好，口味也比较爽，品牌也很有名，价格也一样不贵，平时只是买不到而已，现在人家送上门来了，条件这么好，服务又这么周到，利润空间也大，奖励也很诱人，干了!

就这么不到三年的时间，万力啤酒70%的网点已经被漓泉“策反”了。在故事的另一头，万力啤酒的好花不常开，经过了这几年，勤奋好学的越南同志自己在谅山等地也开了几家啤酒厂，边贸的生意一下子就冷清了下来。等到万力啤酒的高管发现产能过剩、库存居高不下，召集国内经销商开会的时候，大家两手一摊，全是连诉苦的话都懒得说的无奈了。

漓泉啤酒从周边城镇到中心城市、从终端小店到渠道分销商的蚕食战术，是快消品行业的一个经典案例。

起步阶段经过这样的卧薪尝胆，企业就进入第二阶段——成长阶段了。在成长阶段，战略正确是首要的，战役的构思是重要的，每次战斗的战术设计同样也是十分必要的。饭要一口一口地吃，仗要一仗一仗地打，我们接下来继续探讨。

【第十章】

成长阶段的5种“纠缠”战法

企业在成长阶段要有一个十分明确的目标，就是做品类的老大！

如果在总品类里做不了老大，也必须心存高远地在细分品类里做老大！问题是，企业刚刚经过起步阶段的艰难跋涉，如何在竞争中成为品类的老大？

这里有一个千古不变，屡试不爽的战术——“纠缠”战法。

第一种　品类定位“纠缠”法

同一类产品，如杏仁露与核桃露（同属植物蛋白饮料），甚至同一个产品，如可乐饮料（同属碳酸饮料），由于在消费者心智中的“认知”不同，会对应不同的“需求”，然后消费者下意识地自作主张给予它不同的品类定位。

如何让消费者发现这种品类定位上的差异化价值呢？这就要企业在权衡利弊、实力之后，做出一个极需要魄力与勇气的决定：正面挑战品类中的老大！

【案例】

从百事可乐到恒大冰泉

我们前面从不同的角度，剖析过他们的战略与战役的精妙之处，这里从战术的角度，再来剖析一下这些市场大佬的经典打法。

世界上第一瓶可口可乐于1886年诞生于美国，距今已有近130年的历史。这种神奇的饮料以它不可抗拒的魅力征服了全世界数以十亿计的消费者，成为“世界饮料之王”，可口可乐公司甚至享有“饮料日不落帝国”的赞誉。

世界上第一瓶百事可乐同样诞生于美国，那是在1898年，比可口可乐的问世晚了12年，今年是它116岁诞辰。它的味道与号称配方绝密的可口可乐相近，于是便借可口可乐之势取名为百事可乐。从取名开始纠缠，因为名字就是品类的直观表达。

可口可乐是全民饮料，战线长了，自然有薄弱环节，把可口可乐的目标消费群一分析，研究人员就发现：对于儿童来说，可乐里含有不利于他们生长发育的成分，因此这一块市场的拼抢价值不大；对于老年人来说，由于碳酸饮料对于钙质的流失，会产生一定的影响，老年人本来就骨质疏松，这块市场的成长空间也不大；当时比较忠诚的消费群，以中年人居多，因为二战的时候，美国军人遍布全世界浴血奋战，可口可乐是他们的军中标配，伴随着他们出生入死，这个饮料寄托了他们太多出生入死的记忆，甚至月光下、战壕里战斗间歇时间的乡愁，战争结束了，他们对可口可乐的情感还在，要撬动这块市场，那是难上加难。

如何在品类的定位上，与可口可乐产生纠缠，让它既无法摆脱，又无法反驳呢？

当时，可口可乐以销售量5：1的绝对优势压倒百事可乐。百事可乐无法在总品类上成为老大，必须在一个细分品类上，通过纠缠，成为老大。好在这个时候，出现了一个社会学名词，叫做“代沟”（generation gap）。

二战后，美国诞生了一大批年轻人，他们没有经过大危机和战争洗礼，自信乐观，与他们的前辈们有很大的不同。这些小家伙正在成长，逐步会成为美国的主要力量，他们对一切事物的胃口与视野既大且新，这为百事可乐针对“新一代”的营销活动提供了基础。

经过4年的酝酿，大约在1964年前后，“百事可乐新一代”的品类定位口号正式面市！由于这个口号在全球新老市场十分有杀伤力，可以直接拉升销售量，百事可乐高层一直坚持使用，并一直沿用至今。10年后，在1975年时，可口可乐试图对百事可乐俘获下一代的广告做出反应，它对百事可乐的优势已经减至2∶1，百事可乐顺利实现了从起步阶段到成长阶段的过渡。

此后，百事可乐制定了进一步的“纠缠”战术，向可口可乐发起全面进攻，被世人称为“百事可乐的挑战”。

第一个值得分享的纠缠战，堪称品类定位的漂亮仗——品尝实验和其后的宣传活动。1975年，百事可乐在达拉斯进行了品尝实验，将百事可乐和可口可乐都去掉商标，分别以字母M和Q做上暗记，结果表明，百事可乐比可口可乐更受欢迎。百事可乐公司对此大肆宣扬，在广告中表现的是，可口可乐的忠实主顾选择标有字母M的百事可乐，而标有字母Q的可口可乐却无人问津。广告宣传完全达到了百事可乐所预期的目的：让消费者重新考虑他们对“老”可乐的忠诚，并把它与“新”可乐相比较。可口可乐对此束手无策，除了指责这种比较不道德，并且吹毛求疵地认为人们对字母M有天生的偏爱之外，毫无办法。结果，百事可乐的销售量猛增，与可口可乐的差距反超为2∶3。

第二个值得分享的纠缠战，是利用流行音乐大牌巩固“年青一代的可乐”的品类定位。1983年底，百事可乐公司又以500万美元的代价，聘请迈克尔·杰克逊拍摄了两部广告片，并组织杰克逊兄弟进行广告旅行。这位红极一时的摇滚乐歌星为百事可乐赢得了年轻一代狂热的心，广告播出才一个月，百事可乐的销量就直线上升。据百事可乐公司自己统计，在广告播出的一年中，大约97%的美国人收看过，每人达12次。

面对年轻人这样的狂热，可口可乐左右为难：如果跟进吧，又怕失去老一代忠实客户。如果不加以反制，眼巴巴就看着市场被挖走了。而且试播了一条关于年轻人的广告后，调查发现一半以上的人，以为是百事可乐的广告，等于自己花钱，在为对手的品类定位做积累，这就是品类定位的差异化价值被认知之后的厉害之处。

我们都知道，恒大冰泉向“××山泉”发起挑战了！这个挑战，用的就是品类定位的“纠缠”战法！

“××山泉”说：“我们不生产水，我们是大自然的‘搬运工’。”

恒大冰泉说：“我们不‘搬运’‘地表水’，我们‘搬运’的是长白山地下3000年的优质‘地下水’。”

这话的意思，你是“搬运工”，我也是“搬运工”，但是你搬运的是湖泊、河流里面的“地表水”，我搬运的是世界三大水源地之一的长白山“地下水”。

众所周知，在消费者认知中，山川、河流、湖泊这样的“地表水”每天受到各种污染，已经不堪入目、惨不忍睹，而远在东北的长白山，是世界三大地下水的水源地之一，这样直接就在品类定位上，进行“釜底抽薪”，以“××山泉”之道，还治“××山泉”之身。商战的惨烈，可见一斑。

可是，请大家注意这个“可是”，进入2014年夏天以来，恒大冰泉没有抓住世界杯的最佳传播时机。最近的广告，反而又好像失去了方向，一会“一处水源供全球”，一会都教授号召大家用矿泉水煮饭，还用夹生中国话羞答答地说“我只喜欢，恒大冰泉”。这样的广告，怎么能产生销售力呢？你还不如直接说“韩国人煮饭都用矿泉水，好味道的矿泉水，都教授很喜欢”！

所以，哪怕是一个细小的战术动作，都不要忘了动销的5个原点问题。

第二种　品牌地位“纠缠”法

品牌地位有多重要？

史玉柱说：“营销的成功，70%靠广告，20%靠经销商，10%靠团队。”

营销的成功，70%靠广告，20%靠经销商，10%靠团队。因此，品牌地位一旦建立，很难有被超越的机会。

所有的老板都知道，广告不是万能的，没有广告是万万不能的。打广告，就是将产品的“认知、需求”扩大，建立起“品类”的差异化价值，在这一品类上打上自己的“品牌”烙印。想想看，消费者心智有了烙印，要想撬动，那该有多难。

因此，品牌地位一旦建立，很难有被超越的机会。

本节我们继续讨论：作为后来者，度过了企业发展起步阶段，品类的价值也通过“纠缠”战法取得了差异化的定位，如何进行品牌地位的攻占？——最有效的还是“纠缠”战法！

【案例】

蒙牛的“乳都”之役

蒙牛成立之初，奶源、加工厂、经销商渠道都有一个绕不开的心结，那就是与伊利的关系问题。最后，还会不可避免地遇到“品牌地位”问题——谁才是“草原奶”的老大？

公开的资料显示：2005年8月28日，在中国乳制品协会成立10周年庆典上，呼和浩特市被中国轻工业联合会和中国乳制品协会正式命名为“中国乳都”。

29日，也就是第二天，蒙牛期盼已久的“中国乳都”挂牌仪式在呼和浩特正式揭牌，同时一个像征“中国乳都”的象形方鼎伫立在新世纪广场，一股浓浓的“乳香味”从此弥漫在内蒙古首府“青城”。这意味着处于塞北边疆的呼和浩特从此有了一个名副其实的新城市品牌，那就是“乳都”，而这个品牌别的城市难以与之竞争的原因是，这里有两个乳业大品牌：伊利和蒙牛。

如果单从乳品专业知识来看，乳业界的人们都知道，世界上有一条国际公认的优质奶牛带，位于北纬 40 ~ 47 度之间。这一带地区，气候干爽，阳光充沛，特别适宜奶牛生长。奶牛不受潮热侵袭，不需消耗过多的能量，少病高产，奶质优良，成为奶业的最佳发展区域之一。英国、法国、荷兰、美国、加拿大等乳业强国的乳制品工业区，几乎都分布在这个纬度上。呼和浩特地处北纬 39.58 ~ 41.36 度之间，正好处在优质奶牛带上。这就是呼和浩特成为“乳都”的地理和气候优势，但是知道内情的人知道，事实比这些表象更有深意。

1999 年，蒙牛初创，牛根生手头的那点资金除了买奶源、进设备建工厂，要打广告创名牌谈何容易。但“草原奶”的“认知”已深入人心，液态奶的“需求”已经接近奶粉，利乐包液态奶的“品类”已经成熟，伊利是第一品牌，那第二是谁？没有人说得上来。好，那就站到巨人的肩膀上吧，于是，“创内蒙古乳业第二品牌”的创意诞生了。牛根生深得道家思想精髓，表面上蒙牛提出创“第二品牌”，站在伊利的后面，实际上这等于把所有的竞争对手都甩在了脑后，为自己占领了国内乳业一个“一人之下、万人之上”的制高点。

好的创意出来了，如何有效地把它传播出去？牛根生给孙先红老师的命令是：“既要轰动，又不能多花钱。”当时呼和浩特的路牌广告刚刚萌芽，没什么人做，孙先红老师意识到这是一个机会。几经周折找到了路牌广告的负责人，说：“你的牌子长时间荒在那没人上广告，大家意识不到它的价值，小荒会引起大荒，那就会无限期地荒下去。如果蒙牛铺天盖地做上 3 个月广告，别人看到效果了，你的广告牌以后就好卖了。”该负责人觉得孙先红老师这话说得有理，股东们一合计便以成本价卖给了蒙牛 300 多块路牌 3 个月的广告发布权。

伊利的员工发现，几乎一夜之间呼和浩特市所有主街道都竖满了“蒙牛乳业，创内蒙古第二品牌”的大红广告牌。就在他们琢磨蒙牛为啥这么“谦虚”的时候，他们的老领导牛根生已经凭借“第二品牌”的招牌，顺利度过了成长期。

蒙牛自称老二，并不是真的心甘情愿做老二。此后几年两家企业在市场上的一系列纠缠动作，引起了官方的注意。经过多方交流，有人提出，把呼和浩特打造成一个“乳都”城市品牌，这个表面上皆大欢喜的建议将双方“品牌纠缠战”的刀光剑影，暂时掩盖了下来。

第三种　经销商合作“纠缠”法

如果说“一山不容二虎”指的是品牌地位之争，那么“一女不侍二夫”就是竞争者之间对经销商资源的争夺。

如果说品类定位、品牌地位之争，是企业在消费者心智之间的无形竞争，那么，双方在市场上的短兵相接，才是真正的硝烟弥漫。

处在成长期的企业，在地面发起“攻城”之战，最为直接有效的就是针对老大已经培育多年的经销商网络，进行“纠缠”战，其策略有三。

第一，直接找与大品牌合作良好的区域总经销。

商人重利，没有人会放过送上嘴的肥肉。从另一个角度说，大品牌的经销商趁新产品成长之机把竞争品牌先拿在自己手上，总好过被别人先拿去。这样，如果今后这个新品牌做大了，自己是原始功臣；如果这个新品牌没有做起来，自己在原来的大品牌面前，还自称是干了一件“未雨绸缪”的事，是功劳一件。不信，如果你是做核桃乳的，你去试试找“××核桃”的经销商、策划公司，别看他表面上信誓旦旦、忠心耿耿的样子，私下没有几个不上钩的。

第二，直接找与大品牌合作不愉快的区域总经销。

外企对团队每年有30%的增长压力，很多大品牌企业对经销商也是如此。娃哈哈的“联销体”虽然做得很成功，但是知道内情的人，或者与他们经销商经常交流你会发现，这个“联销体”也不是铁板一块，特别是启力的市场表现不如预期。

那个含有“氧气”的富氧水，无论从水里有氧气的“认知”到消费者通过喝水吸氧的“需求”，还是到这个三不靠的品类发育，都显得比较“业余”之后，娃哈哈品牌并没有对品类的成长发挥多大作用。于是，很多经销商成为替罪羊。这个时候，你去“纠缠”一下，效果肯定好。

第三，直接找大品牌竞争对手的区域总经销。

每个品牌都有自己认定的对手，很多大品牌的经销商比如老张不容易撬动，那么去他对门的老李家那儿坐坐，肯定有共同话题。这样的竞争品牌区域经销商比较了解对手的弱点，知道对手操作的一些常用手法，做起市场来针对性也很强。

【案例】

上海南浦食品集团“乃中乃”奶片的全国布局

上海南浦食品集团，本身就是中国最大的食品经销商。集团老板林建华先生是福建人，艰苦创业，来到上海打下一片江山，是福建商人“闯上海”的成功代表。

2004 年，我在南浦食品集团任市场总监的时候，集团推出一个新产品——“乃中乃”奶片，就是可以放在口里嚼的那种奶粉的压片。

这个项目的发起人之一是赵宝成先生。赵总原来是伊利集团某部的部长，我们私下都叫他赵部长。赵部长深知乳品市场前景广阔，但是奶源有限，如果再去做奶粉，或者生产利乐包装的液态奶，资源太少没有办法启动，资源多的话一下又筹集不过来。因为特殊的机缘，赵部长找到林老板，说是有一个新项目，投资少、见效快，双方一拍即合！

项目的地点选择内蒙古第二大城市包头附近的土默特右旗，赵部长果然轻车熟路，不到半年时间，产品就生产出来了。

接下来，就是如何开发市场的工作了。

上海南浦在华东地区的市场网络，是非常成熟的，对终端的掌控力也非常强势，但是这个产品属于一个大品类，光华东市场，不足以消化巨大的产能，必须开发全国市场。

公司把每个人手头的资源，都排了排，计划分头行动，一个月后北京汇合，一起汇报成绩。我跟一个叫“阿杜”的杜建德副总奔往东北，其他总监一级的领导，分赴其他大区。

“乃中乃”奶片不是奶粉，也不是液态牛奶。在消费者心中，它是一个类似休闲食品的营养品，可以更方便地补充牛奶的营养。它的外形与休闲食品中的口香糖类似，终端陈列必须在收银台附近随机可取的位置，而这种终端操作，奶粉经销商、液态奶经销商没那么熟悉，必须另外找一类经销商来进行“纠缠”。

一个月很快就过去了，我们按照原计划在北京集合，大家在会上展示自己经销商开发成果的时候，都是会心一笑。原来，我们既没有开发伊利的经销商，也没有去触碰蒙牛的经销商，都按照产品的品类特性，找的是口香糖经销商。

由于准确开发经销商，这个项目很快就度过起步期、成长期，现在这个项目的母公司“天喔”集团已经在香港上市。

第四种　终端推广“纠缠”法

李嘉诚在说到房地产秘诀时，连说：“地段！地段！地段！”

如果说终端销售有什么秘诀，我们可以说：“位置！位置！位置！”

现在产品进入任何一个卖场，只要交了进场费，卖场都会给你一个位置做陈列，这个位置的陈列，专业上叫“第一次陈列”，简称“一次陈列”。

摊开店铺、大卖场的平面图，我们可以看到货架、产品的静态布局及人流的“动线”。所谓“动线”，就是消费者进入店铺后，自己无意识走动的路线，这条路线的走向、停留的时间、地点及机会是销量产生的关键。

“动线”上能产生销量的关键点，有所谓“黄金陈列位”之称。如进门小空地、端架、过道、收银台前，等等，这些位置是兵家必争之地。这些位置的陈列，专业上叫做“二次陈列”。“二次陈列”的位置，是一块香饽饽，必须付出不菲的代价。但是，如果没有“二次陈列”，企业进场之后的销量，肯定连费用都赚不回来。

还有一种更厉害的陈列，叫做“特殊陈列”。徐福记进入大陆后，其在各大卖场的“店中店”模式，给所有的人耳目一新的感觉。首先吸引人的，是它特殊设计的有中国元素的大型地堆造型，其次是丰富的货品，最后是所有散装产品一个价格，让家庭主妇们随便抓统一过秤，回到家里在糖果盘一装，里面什么品种的糖果都有。

“特殊陈列”后来被迅速模仿，各大卖场也予以积极推广，因为经过厂家这种艺术加工的装饰，卖场的氛围也为之一变。每到一年的三四月份，逐步进入夏季时，你会看到各大饮料公司在各大卖场里面争奇斗艳的大型堆头，到了8月份以后，又是牛奶、年货的产品在那各领风骚，热闹非凡。

明白了终端竞争的要点是位置的竞争之后，终端竞争的核心是什么？

国家要的是GDP，企业要的是利润，终端要的是什么？终端要的是人气！终端的竞争核心，实质上是人气（客流量）的竞争。

那么，终端的“纠缠”如何展开呢？

一是，位置上的“纠缠”。

有三个招牌动作：你铺货到哪，我就铺货到哪；你进哪家店，我就进哪家店；进店后，你摆到哪，我就摆到哪。麦当劳、肯德基在全世界就是这么干的，可口可乐、百事可乐在全世界也是这么干的。

二是，活动上的跟随。

这里有几个狠招：

第一种情况是，你做什么活动，我就做什么活动，让你精心策划的活动，一下就失去新鲜感与吸引力。因为，无论你请谁来策划，幕后筹备了多久，你的方案终归是要实施的，你一实施，方案内容在终端全部曝光，我三天内就出台与你一模一样的活动，一下子就消除了你的领先优势。

第二种情况是，你做什么活动，力度上我都加倍，但是总量我减半或者减到三分之一。比如，你在中秋节档期拿出1000件产品来做促销，并且“买二送一”，我就在你对面摆个堆头，上面写着大大的“买一送一”，其实，我只做500件，甚至300件。消费者只知道实惠，不知道总量是多少，到什么时间卖完为止。但是从终端的气势上，一下就把你的力度减弱了。

第三种情况是，你在“片”上做活动，我在“线”上做活动；你在“线”上做活动，我在“点”上做活动，但是我的力度比你大，是你的2倍或者3倍以上。比如，你在绍兴地区全片做活动，我只选在绍兴供销超市做活动；你在供销系统全线做活动，我只选市中心的2家旗舰店；你在全片上、全线上平均每家单店做活动的力度多大，我都加倍，因为我的总量少，但是给消费者的感觉是我发力比较狠。你的团队一看我这架势，肯定上报，你跟还是不跟？跟吧，你的面铺得太广会扛不住；不跟吧，你苦心积累的气势被我戳了一个洞，一下就泄气了。

【案例】

王老吉与加多宝的"正宗"之争

王老吉与加多宝，谁是正宗？广告说了不算。谁说了算？终端说了算。

历史是现实的镜子。在加多宝集团使用王老吉商标之前，王老吉只是广药集团旗下100多个商标中的一个。这个产品对应的品类，是一款毫不起眼的利乐包凉茶，带点药味，在两广地区与街头的凉茶铺产品，进行一下夏天"下火"概念不痛不痒的竞争。

加多宝集团把王老吉这个品牌打造起来，利用的是这个品牌名的"历史感"，但是对于凉茶的品类，加多宝进行了专业的全方位的饮料化改造：

首先是口味变了！改成了全国人民所接受的糖水味，与街上凉茶铺的苦味已经是大相径庭；**其次是包装变了！**从绿色改为红色，吸收了可口可乐"做老大就要用红色"的理念（红色最抢眼，红色最走运）；**最后是需求的挖掘**，从"治疗"上火，扩大为"预防"上火。

这段历史告诉我们，王老吉的品牌认知是加多宝集团使用以后，才开始的。凉茶品类去火功能的认知，在加多宝集团进行广告教育之前，两广地区之外，也很微弱，甚至在广大的北方地区，消费者以为凉茶就是隔夜茶。一句话，凉茶预防上火的需求，是加多宝集团挖掘出来的。

因此，谁是正宗的认知，没有任何历史基础。谁想成为正宗，谁说了也不算，终端说了算。

腾讯掌握了几亿用户，其实就是掌握了你家电脑和你手上两三部手机的视觉终端，这种终端优势，是阿里巴巴、淘宝所羡慕但又望尘莫及的。因为腾讯是民众社交的“交流终端”，用户基数很大，而马云的阿里巴巴、淘宝是商人做生意的“交易终端”，商人的数量毕竟少于群众的数量，这就决定了两个“小马哥”的战略方向，腾讯只好通过收购京东来进入商务领域的“交易终端”，而马云下一步如何进入社交领域“交流终端”？直接开发肯定来不及了，收购谁呢？陌陌？生意做到这个份上，互相纠缠不可避免，他们都想进入对方的领域，但是没有那么容易，因为各自掌握的是不同的终端。物质决定意识，终端决定模式。

这几年经常听到，王老吉的业务员与加多宝的业务员，在铺货的时候打起来，还报了警。又听到，两家公司的谁谁在哪，为了抢一个摆放太阳伞的位置，又打起来了，好事者还拍了视频传到了网上。

这就对了，品牌竞争，毫无意义。大家通过终端的拼抢，一起把销量做大，把品类的生命力延长，把第三品牌和其正，把第四、第五、第六品牌挤到犄角旮旯里面去，这才是正道。孩子们在终端吵吵架、报个警、发个微博什么的，就让他们去吧！

第五种　团队挖角“纠缠”法

我们去很多新建的小区，特别是高档住宅区，会看到很多的古树，遮天蔽日。这些树木如果从小在这种下然后长这么高大，至少得一百多年，明眼人一看，肯定是去哪个乡下的山村里“偷挖”出来的。这就是所谓的“大树理论”的N个解读之一。

好莱坞的大片要想成功，有三个主要的要素：大牌导演、大牌编剧、大牌明星。这三种人，都是“腕”，他们组合起来，就是团队。三类大牌到位了，这个影片基本就火了。和制片讨价还价的时候，投资人就看这三个人的名字是谁了。

段永平离开小霸王出来的时候，带走的是一个完整的团队；牛根生离开蒙牛，“自动”跟着一起创业的，也是一套完整的人马。一般的老板起步阶段，没有这么好的基础，成长阶段也不一定有这么好的机缘，那怎么办？

第一步，先找“二总师”：会计师、律师。会计师可让会计兼任，律师让法律顾问兼任。

第二步，找一个靠谱的咨询师，给予副总待遇。不在公司上班更好，因为入职上班后，他仰人鼻息，就说话看脸色了。咨询师一定要找既有实践经验，又有理论创新的实战型人才，最好是在某一领域有深入且前沿研究的人。

这里额外说一下咨询公司的猫腻：很多咨询公司老板很会忽悠，谈项目时口若悬河，开价很高，等到合同签下来，派出来做项目的人却又是刚刚出道的毛头小伙。想到自己花了大价钱，对方派出的是这么几个愣头青，心里真不是滋味。请了咨询公司的企业家，90%都有上当的感觉。但是，视力再好的人，也看不见自己的后脑勺；再聪明的老板，知识、视野都有盲区，那怎么办？

比较科学、实用的办法就是，请个厉害的咨询师做常年的战略顾问，赋予外脑的职能，给予副总的待遇和上宾的礼遇，不需要坐班，平时多交流请教。遇到重大的项目，请他组一个小组进行短期的攻关，而且要给咨询师加一个条件：能够帮自己多挖点“大树”级人才来，加强团队！

你放心好了，做这一行的，别的没有，人脉比谁都深厚，而且挖来的，基本都是竞争对手的核心人物。这里面涉及什么商业法规、职业道德问题呢？我们先看案例。

【案例】

华为，一个男孩的出走

新浪科技2008年10月6日12：20消息，知情人士向新浪科技独家透露，前华为公司副总裁、首席电信科学家李一男（被网友称为“华为的一个大男孩”）加盟百度公司任CTO（首席技术官）一职，该任命将很快对外公布。

李一男此次被挖角，实际上已经是他第二次离开华为。这位不善言谈的年轻人27岁即成为华为副总裁，掌管数千人的研发团队，并被外界认为是任正非的接班人。

2000年，李一男创立港湾网络，由此与华为结下一段难以言说的恩怨故事。2006年6月，港湾被华为收购，李一男回归华为，担任副总裁兼首席电信科学家，但是已位列华为EMT（高层管理团队）之外，工号也排到了59056。

作为技术天才的李一男，对通信和IT行业有着非常敏锐的技术前瞻性。在百度伸出橄榄枝之前，曾经有传闻说，李一男将再次离职创业。但此次李一男与我们深谈之后，毅然加盟百度，意味着他将职业经理人作为今后的重要选择，并且李一男的技术视野将从通信领域逐步转移到互联网行业。

一位接近华为与李一男的人士认为：李一男离职华为加入百度，是华为收购港湾的一个很理想的结局。任正非从“打港”到“收港”，以及在如何使用港湾高管团队和整合业务上的一系列运作，堪称商业史上的经典。

李一男在回归华为的两年时间内，任正非给了他不少机会，包括任首席电信科学家，到世界各地会见重要客户，带领研发团队开发手机芯片等。李一男以积极的心态投入，先后配合徐直军和郭平两位EMT成员工作。此番李一男离职，没有选择去电信行业的设备商或者运营商谋职，无意与华为再有利益冲突，也是对华为多年培养的一种感恩。

华为公司方面还未对此正式表态，也有内部人士表示：李一男在华为期间仅被授予“首席电信科学家”的虚职，此次二度离别华为告别“囚徒”生涯，再次证明其接班任正非的传言是外界一厢情愿的猜测。尽管华为EMT成员都已日渐成熟，各自独当一面，但后任正非时代的华为发展问题仍然待解。

李一男当年毕业后的第一份工作就是华为公司，华为老总任正非对李一男也一直怀有复杂的感情。直到2006年港湾被华为收购，李一男二次加盟华为，李一男的职务从首席科学家到终端芯片的开发，一直埋头工作，极少在外抛头露面。如今，华为收购港湾时约定的两年时限已经过去，这位技术天才也有意选择通信以外的领域开始新的职业生涯。恰好，百度CTO的位置也空缺一年多，李一男无疑是理想的人选。

“这对大家来讲，肯定是一个多赢的局面。”华为公司一位高层表示，“感谢他在华为期间作出的贡献，同时也祝福他在百度公司取得新的发展。”

我们知道，百度是一家互联网公司，而华为是一家通信硬件公司，这里避免了行业冲突，而且李一男是做满两年后，才再次离开华为，也遵守了合约。百度通过这样的挖角，实现了对谷歌的“纠缠”，这是一个曲线挖人的典型案例。

对于成长中的公司，如何通过挖角来快速打造自己的团队呢？

这个夏天，去过恒大冰泉位于广州黄埔大道总部的朋友都发现，主持销售会议的是一位个子不高，但是精神抖擞、目光矍铄、言谈举止很有气势的人，这些不是关键，关键的是，他操一口的杭州口音，讲起饮料、水特别是“××山泉”的市场数据来，如数家珍，他是什么人，他从哪里来？了解恒大足球队快速组建历史，了解许家印做事风格的人，一下子就会恍然大悟：哦，杭州口音，哦，我知道了，他就是……

那么对于这样针锋相对的企业，互相挖角，我们怎么看？

第一，要合法合规。即必须符合劳资双方的合约，如果合约有规定，就遵守并执行规定；如果一定要违反规定，就按照合约的赔偿条款，进行赔偿。

在密不透风的市场原始丛林里，一个身子骨还不那么硬朗的“藤”，要想更多地吸收阳光雨露，必须找棵大树，紧紧地缠上去，让它摆脱不掉，在未来不长的时间里，也成长为参天大树！

第二，要不损害国家、民族的利益。国内企业间的这种人才流动，很少涉及这个问题。

第三，要对消费者有利。很多企业，把对方的人才（特别是研发人才）挖过来之后，束之高阁，然后继续维持本企业的高额垄断利润，最终受伤害的是消费者。这样的案例以外资企业收购民族品牌后将之打入冷宫最为明显，如上海家化、广东乐百氏等。

至于职业道德、个人感情这些我们通常考虑的社会因素，从法律的角度一看，就很明白：没有任何一个老板，可以承诺永不辞退员工，也没有任何一个员工必须承诺，永远服务于某一家公司，终生不改。因为大家相互之间既不是无法解除的血缘关系，也不是一种不平等的人身依附关系，而是一种劳动契约关系，双方的权利与义务是平等的。

相互挖角就是一种商业的竞争行为。腾讯与谁谁互相挖角，淘宝与谁谁互相挖角，京东与谁谁互相挖角，我们从竞争的角度去理解，就知道他们并不是为了在竞争中击垮对手，而是自己成长的需要。

本章介绍的5种竞争手段，对于处于“青春期”成长阶段的企业，是一个必经的过程，就如同刘三姐的歌中所唱：“世上只见那藤缠树……”在密不透风的市场原始丛林里，一个身子骨还不那么硬朗的“藤”，要想更多地吸收阳光雨露，必须找棵大树，紧紧地缠上去，让它摆之不脱，弃之不掉，在未来不长的时间里，也成长为参天大树！

如果不是如此，你就只能在市场丛林里众多大树的根部，长成一片绿油油的任人践踏的青苔！

【第十一章】

瓶颈阶段的3种破局之道

地面上成长的烦恼，是可爱的，但谁能了解月宫嫦娥“高处不胜寒”的苦恼？

当企业发展到一定的程度，“欲进不得，欲退不能”的时候，我们就说这家企业遇到瓶颈问题了。判断一家企业遇到瓶颈问题的数量指标，就是其增长率长期徘徊或者低于最近几年 GDP 的增长率加 CPI 的增速，在中国，就是你的企业增长率长期徘徊在 15% 左右。

企业发展大了，遇到瓶颈问题如何突破？通常的办法有两个，一是看看对手在做什么，二是请咨询公司来从外部体检一下。

悲催的是，通常你遇到了瓶颈，竞争对手也遇到了瓶颈。你找的咨询公司，给你一大堆数据、图表，最后给你一个不痛不痒的结论，或者开一个人参若干、灵芝若干贵得要死的宫廷秘方，或者给你一个休克疗法、刮骨疗毒的猛方，你照单抓药找死，不治疗又似乎等死。很多企业自己本来活得好好的，如福建实达，大家都认为是被某咨询公司活活“策划”死的（企业十八种死法中的一种）。所以，与咨询公司的合作，要慎之又慎。

这些公案孰是孰非，我们不去深究。归根结底，还是得回到动销的原点问题上来，看看我们如何以一种新的思考角度，去突破我们的瓶颈。我们专业上把这个叫做——破局。

本章的内容，由于有较大的系统性，不太容易在每个小节内进行系统的案例分析，所以在三个小节的理论内容分享完以后，附一个总的案例，期待给老板们一个全局思考的范本。不过，这样的案例展示会有魔术解密的效果，意味着很多咨询公司摆谱忽悠人的东西，比如套路、工具，会一下就被企业家、企业内部的高管学到手。

从作者的角度看，这是不是一种知识的布施与行善呢？

第一节　三种机会破局瓶颈

本书的最后一章，我们建议您把握以下三种破局的机会。

第一种：品类破局

企业遇到瓶颈问题，我们往原点上去思考，一定是遇到了根本性的问题。那么，我们就要从原点问题去思考，看看如何找到问题的症结。

首先，找认知问题。

消费者对自己的产品认知是不是有历史沉淀，最近几年认知是否有改变?

我们有段时间突然对某直销产品产生了怀疑，为什么？因为，那段时间突然在微信上出现了一些段子，说该公司某某高管不到 50 岁，就英年早逝，而他正是经营并且长期食用这个某某直销产品的人，这样的网络传言一下就改变了许多人对这个直销产品的认知。

前些日子还有些段子，对牛奶的营养价值产生了质疑，说人类吃牛奶毫无必要，牛奶吃多了会致癌等。不要小看这样的传言，传播久了，就会动摇人们对某类产品的认知。

其次，我们再找一下需求有没有改变。

高铁通了，很多近距离的长途汽车就大受影响，几百公里的飞机航线，也会受到影响。因为，人们对出行交通工具的需求，发生了变化，致命的是，这种变化往往是不可逆的。如同有了手机，当年的 BP 机就再也没有人用了；有了 DVD，磁带、录像放映机就淘汰了。如果你的产品对应的消费者需求上发生了这么致命的变化，一定要及早察觉、及时调头。

那么，如何突破呢？——品类破局！

一定要从小品类进入大品类，如黑芝麻糊，要从冲调类进入饮料类。

从被淘汰的品类进入欣欣向荣的品类，如柯达胶卷，应该及时进入数码技术品类。

在有渠道控制能力的时候，抓住时机，增加新品类，如加多宝增加昆仑山矿泉水。

第二种：运营模式破局

电商，让所有的传统企业坐立不安，又无从着手。

其实，电商也好，传统渠道也好，都是一个模式问题，其原点问题，还是消费者对你的产品的认知与需求。

如果你的消费者认为，烤鸭就是要在炉子里烤足半个小时（认知），而且就是要满足趁热的时候吃那一口才爽（需求），那么你的运营模式就是到处开烤鸭店。

如果，你的销售额增长速度这几年突然慢了下来，一定要找一下消费者对你的品类认知与需求有没有随着时代的发展而转变。这种转变，有没有造成营销运营模式的变革。如果已经出现了这种变革，你就要及时跟上。

你看，苏果、苏宁都变了，京东也出来了，你还在等什么？你的模式不变行吗？

电信、移动和联通长期美滋滋地收高额短信费，一个微信出来，大家的社交模式就变了。几个国字号老大遇到了瓶颈，下一步如何变？

银行业长期徘徊，一个余额宝出来，让大家大惊失色，金融业运营模式如何变？

房地产的好日子无忧无虑地过了20多年，宏观调控、产业结构升级的时代不可阻挡地来临了，房地产行业的模式如何变？

第三种：区域市场破局

家电业长期处于徘徊状态，我们前面分析过，国内市场的消费者对家电的“认知”就是“家电＝家具”，对它的需求，就是人家有的我也要有，能用就先用着，有什么新的东西出来了，也不急着换，等旧的用得差不多了再换，或者搬新家了，需要配套新的家电了，再去买。

面对这种情况，家电业集体进行了“家电下乡”的区域破局：从城市区域向乡下突破。

但是，乡下消费者对家电的认知是什么，乡下留守老人与儿童有什么特别的需求，适合什么品类？他们最喜欢什么品牌？他们能接受的价格与支付方式是什么？

回顾这几年发现，好像大家都表现平平。

那么，家电业如何从国外市场突破呢？南宁的中国－东盟博览会都开了十几届了，如何打开东盟市场？海尔、TCL、格力好像都没有给出让国人满意的答卷，他们与华为的差距在哪里？

这三种破局机会的把握都需要咨询师深入企业，深入市场，进行专业的、专门的研究与分析，才能提出有效的战略规划与可落地实施的策划方案。我们抛出这三个破局的机会，是给各位老板们一些思考的方向。下面一节，我们会给出一个比较完整的实际案例。

第二节　案例分享

我这一辈子最感谢的两个人，一位是伟人邓小平，一位是我心目中的伟人，南方黑芝麻集团的董事长——韦清文。

邓爷爷改变全中国的同时，顺便改变了我们家族的命运，让我们兄弟姐妹五人与其他同龄人一样，获得了平等竞争与成长的机会，从桂北山区走向外面的世界，所以要感谢他！

韦清文董事长让我们从一介书生参与20多年市场一线的征战，进步到今天全身心投入动销原点理论研究与企业实践的“非著名策划人”，我们非常感谢他！在中国民营企业家中，他的企业家气质与情怀，丝毫不亚于任正非！

在准备公开我们为南方黑芝麻乳做的策划方案一小部分框架性内容作为本案例的内容之前，我们征询韦清文董事长的意见。他豪爽地说：“这是你们的知识产权，而且我真心希望有一个影响力较大的、有实力的资本或者品牌来参与黑芝麻品类的扩容。如果黑芝麻品类，出现了可口可乐、百事可乐那样的局面，我们黑芝麻的春天才是真正到来了！”

不是企业家，如何能有这样的眼光与胸怀？

【案例】

南方黑芝麻乳品类定位原点问题再思考及××省样板市场打造方案

营销原点模糊，产品动销，只能爬行！

——南方黑芝麻乳的品类定位问题再思考

所谓营销的原点问题，就是两个：**谁来买、为什么买。**

快速消费品的购买主角问题——谁来买，往往比较显性，一般可以很容易地予以解决。

营销战略的关键原点问题，是解决为什么买的问题，即消费者走近货架，进行购买决策时，他的头脑里一闪而过了哪些问题。

这些问题，是20世纪40年代以来，美国三代营销专家致力解决的重点命题。时至今天，我们在本书里，第一次在三代前辈的理论基础上，归纳出5个原点问题：认知、需求、品类、品牌和价格。

消费者购买决策，头脑里一闪而过的5个问题，其决策的心理机制是：

（1）以认知为前提。

（2）以需求为动念。

（3）以品类做思考。

（4）以品牌做选择。

（5）以价格做决策。

在商品极其丰富、竞争日益激烈的今天，这5个问题如果不在战略的决策阶段予以科学论证，如果不在试销期进行严谨的顶层设计，如果不在区域市场予以实践、调整，那你的产品，无论是轰轰烈烈地上市，还是勤勤恳恳地推广，都将受到市场无情的打击与消费者消极、冷漠的对待。而95%的新品，就在这样的模糊乃至错误的决策中，做了市场的先烈。

南方黑芝麻乳，作为黑芝麻战略的核心产品，由于其非解渴饮料的品类属性，决定它的销售驱动力，必须有清晰、准确的原点定位，这样可以避免走很多的弯路，及提高资源的使用效率。

我们以下也从5个原点问题入手，对南方黑芝麻乳的品类定位，进行再思考：

一、认知：黑芝麻功能的再思考

消费者对于黑芝麻功效的认知，有未经企业广告教育的自然认知，及经过广告传播后产生的教育认知。

经过前期专业公司的定性调研，消费者对黑芝麻的历史自然认知，有两个方面：

一是，黑芝麻乌发，这是直接认知。

二是，黑色食品补肾气，黑芝麻是最普及、最方便获取的黑色食品食材，所以，黑芝麻食品补肾气是间接的认知。

由于南方黑芝麻集团是黑芝麻食品的领导企业，近10年来，对黑芝麻糊产品进行了代餐食品的教育，使得消费者有一定的“饿了就吃糊”、南方黑芝麻糊是糊类食品的代表的认知。

在最近2年来，集团进行了“黑营销”的广告教育，消费者具有一定的“黑芝麻里面含有黑营养”的认知。

这4种认知，是消费者心智中目前主流的认知存量。

大认知，不一定对应大需求，要想成为大品类，必须切准一个大需求。

二、需求：黑芝麻乳消费时机、消费理由的再思考

我们从认知开始，一一剖析消费者对产品的需求。

（一）黑芝麻乌发——多少人需要通过饮用黑芝麻乳来乌发

这个问题可以发散为，多大年纪开始白发？人们是否在意自己白发？人们通常用什么手段来乌发？吃黑芝麻制品真的可以乌发吗？人们饮用多久的黑芝麻乳，可以乌发？

乌发这个需求大吗？如果小，可以通过广告教育，扩大吗？

黑芝麻乳满足这个需求吗？这个功效可感知、可验证吗？

（二）黑芝麻补肾气——多少人通过食用黑色食品来补肾

人们在什么情况下，需要补肾气？中医的肾气不足，在日常生活中有哪些表现？人们觉得累了、疲劳，通常会有什么食补的需求？

补肾气这个需求大吗？如果大，我们如何用认知去对应？

黑芝麻乳满足这个需求吗？我们如何暗示消费者可以满足这个需求？

（三）饿了就吃糊（乳）——人们饿了，最先想起吃什么

人们在非正餐的时间，产生饥饿感的时候，最常备的代餐、顶餐食品中，通过近10年的教育，选择上黑芝麻糊排名第几？有了黑芝麻乳，更方便了，排名是否更靠前了？

非正餐顶餐需求大吗？如果大，我们如何去对应？

黑芝麻乳满足这个需求吗？喝一罐黑芝麻乳，能基本满足饱腹感吗？

（四）黑营养——能满足哪些白营养无法满足的需求

牛奶是白营养的代表，在消费者心智中，牛奶可以补充蛋白质、补钙。黑芝麻作为黑营养的代表，具有哪些元素？对应满足了哪些需求？

补铁、补锌的需求大吗？如果不大，我们如何去教育？

黑营养可以满足补铁、补锌的需求吗？人们会通过传统概念的饮料，来补充西方概念的营养元素吗？（人参、鹿茸、燕窝补什么具体元素）

【结论】

从以上剖析来看，南方黑芝麻乳，可以对应的大需求、现实需求、可感知的需求、可以信任的需求，相对来说，是第 2、第 3、第 4 点，即：

补肾气——抗疲劳。

饿了就吃糊——抗饥饿感！

黑营养的认知，可以通过**抗疲劳、抗饥饿感**的需求来进行清晰化、中国概念化，将前期的传播沉淀，巧妙进行继承与嫁接。而**黑营养的抗疲劳功能**，是黑芝麻乳区别于红牛、东鹏特饮的根本所在。这样，我们也为前期的黑营养教育，找到了落脚点。而乌发的认知，所对应的需求，相对较小，而且无法验证与感知。

综合消费者的 4 个认知与 3 个需求，基于认知大于事实，认知应该简单、明确，符合快速对应消费者显性需求的原理与成功经验，南方黑芝麻乳品类定位，就呼之欲出了！

三、品类定位的精准化调整：黑营养抗疲劳“类功能”饮料（品）

没有功能认知，就没有需求；没有需求，就没有品类；没有品类就没有品牌；没有品牌，就没有高附加值的价格。没有高附加值的价格，就无法实现黑芝麻战略的真正目的：黑芝麻价值最大化！而囿于目前的广告法规，南方黑芝麻乳，无法直接诉求其功能，只能进行类似的功能诉求，这个在营销的专业上，表述为——“类功能”。

如上所述，综合消费者的4个认知与3个需求，根据广谱的认知，广大的需求，这两个品类定位的黄金法则，我们将南方黑芝麻乳的精准定位，调整为：**黑营养抗疲劳“类功能”饮料（品）**！

类功能饮料的定位，对后期的销售动作，起到决定性的战略方向指导作用：

（1）未雨绸缪，必须**再次积极进行**保健食品的黑芝麻抗疲劳功效备案。

（2）广告诉求，必须清晰、准确、到位，听起来有力量，播出后有销量！

（3）坚决避免品牌形象学派，烧钱不心疼的“正确的废话、优美的废话”。

（4）营销运营：时间轴，必须有清晰的区别于解渴饮料的**淡、旺季推广规划**；空间轴，必须有一个省级市场，作为样板市场，针对非解渴饮料的**销售模式（县级市场箱货堆头模式）、销售节奏、销售管控**，进行深度的探索与总结。

为此，建议选定××省作为样板市场，以一年销售一个亿的销售目标，对以上的定位，进行实践的验证。

我们在下半部将用运营驱动力的三个模块，进行××省方案的科学规划：

（1）运营模式。

（2）运营节奏。

（3）运营管控。

四、“精准、有力、节约”地对品类定位进行输出

品牌传播是为了销售、卖货，而不是讲废话，必须“精准、有力、节约”地对品类定位进行输出。

品牌的作用，就是将自己在消费者心智中的品类的地位使劲往第一靠！

品牌的目标，就是在品类里做老大，成为品类的代言人，成为消费者瞬间决策的第一选择。

在非解渴饮料总品类里面做不了老大，就在黑营养细分品类里面做老大！

这是一个用品类定位输出语来传播，用销量来夯实的过程。而不是无视消费者认知与需求，直接、简单地，在广告里就说自己是“某某品类的领导者”之类，自己觉得干瘪，消费者觉得无趣，竞争者觉得没有道理的正确的废话。

广告就是卖货，每秒钟的广告费，必须取回20倍的销售收入！（费率5%）

经过动销原点咨询团队的深入分析，闭关思考，南方黑芝麻乳的品类定位输出语是：

“觉得累了、饿了，多喝南方黑芝麻乳！”

【营销说辞】（58字）：

无论忙碌的白天，还是安静的黑夜，觉得累了、饿了，

我都奖励自己一罐南方黑芝麻乳；

营养有黑白，我选黑营养；

觉得累了、饿了，多喝南方黑芝麻乳！

【说辞解释】：

无论忙碌的白天——指出现代生活的快节奏。

还是安静的黑夜——指出人们喜欢在晚上提高自己的生活品质。

觉得累了、饿了——身体真的累了，有时不觉得累，真的饿了，反而不觉得饿，所以，强调是他主观“觉得、累了、饿了”。

我都奖励自己一罐南方黑芝麻乳——把产品作为奖品，肯定价值不一般。

营养有黑白，我选黑营养——强调黑营养与普通营养的区别，与牛奶的“白营养”不一样，与红牛、东鹏特饮的解除“困了、累了”的功能原点、营养来源不一样。

觉得累了、饿了——用“觉得”，而不是直接说“累了、饿了”，强调一种主观可感受的主动性，而不是客观的等待真的“累了、饿了”。而且起到规避广告法规的作用。在广告中，第二次再强调一遍“累了、饿了”，加强暗示，强化问题，放大问题，达到唤起需求的目的。

多喝南方黑芝麻乳——多，劝导；喝，说明饮料属性；南方黑芝麻乳，再一次强调品牌。

穿越版30秒广告脚本具体如表11－1所示，立意：时代变了，黑营养没变！

表11－1 穿越版30秒广告脚本

镜头号	画面	旁白
1	《南国版》孩子舔碗，原版音乐响起	黑——芝麻乳哎
2	穿越一：都市，西装革履的男主角与年轻白领们迎着朝阳出门，穿梭在拥挤的街道、公交	无论忙碌的白天
3	穿越二：回家、书房	还是安静的黑夜
4（中）	西装革履的男主角往沙发上一靠、用手支撑额头，按摩胃部	觉得累了、饿了
5（特）	男主角变戏法似的，摸出一罐南方黑芝麻乳，调皮、得意、精神，与刚才判若两人	我都奖励自己一罐南方黑芝麻乳
6（切）	切入超市实景： 一个漂亮的南方黑芝麻乳箱货、礼盒地堆上插着促销牌，写着“黑营养”，与写着“白营养”的牛奶产品相邻堆放 顾客走过“白营养”，视而不见，直接走向“黑营养”，毫不犹豫拿起	营养有黑白 我选黑营养

续表

镜头号	画面	旁白
7（中）	镜头穿越三：办公室，男主角穿着清代服饰，变成像原“南国版”广告片小男孩长大了的帅哥，热情打开一盒“南方黑芝麻乳”，分发给一群围绕身边的现代美女白领们	觉得累了、饿了
8（特）	视觉锤： 大家开盖畅饮，每个人嘴上一圈“黑胡子”，对着镜头，咧嘴一笑 男主角调皮地模仿小孩时的动作，舔了一下易拉罐，举着产品对大家说	多喝南方黑芝麻乳 背板文字：时代变了，黑营养没变

【创意说明】：

（1）用经典“南国版”广告的一个经典场景——小孩舔碗，加上一声熟悉的呼唤“黑——芝麻乳哎”，配上那段经典的音乐，立刻唤起消费者心智中品牌的记忆，将南方黑芝麻乳的品牌排位，一下子拉到细分品类的第一名。

（2）第二个镜头，立即对现代生活进行两个节奏（白天拼杀的快节奏，晚上安静的自我调理、自我修补、自我疗伤的节奏）的气氛烘托，唤起人们的角色代入，说明时代变了，黑营养没有变。

（3）在前5秒就直接第一次导入产品的类功能，不浪费一秒钟。

（4）进入第二个5秒，立即进行消费购买劝导，把“黑白营养对比”的传播内容巧妙地嫁接为购买劝说，达到促销、导购的效果，让广告片变得有力度。

（5）第三个5秒，用“舔碗的男孩长大了”给老顾客一个意外的惊喜，同时，这种穿越剧的手法，对现代的已婚女性、女白领有无比的视觉杀伤力。这个场景，把30年来的品牌积累一下子嫁接了过来。

（6）还记得小时候，大婶给自己加一勺的温馨吗？现在小男孩长大了，变得知道感恩，懂得关怀，主动买了一箱（强调箱货销售）来给大家分享，而且学会体贴、关心大家，让大家“觉得——累了、饿了，多喝南方黑芝麻乳!”

（7）穿清代服装的帅哥舔一下易拉罐的动作是全篇的点睛之笔，一下子将品牌的断层，进行了无缝链接。老年消费群、中年消费群、年轻的白领、小朋友，大家看了，各自会心一笑，心中唤起各自的温馨记忆，与前面进行呼应!

（8）男主角与众多女生的嘴上有黑胡子的照片，成为终端的主视觉锤（招贴画、海报的文字为**“时代变了，黑营养没有变。累了、饿了，多喝南方黑芝麻乳”**）。

【拍摄建议】：

（1）男明星，用韩版的男星（广州、上海有很多来自延边朝鲜族自治州的朝鲜族男模特，气质与韩国人很接近，二线韩国男星也不贵）更能吸引女消费者的注意。

（2）购买场景的写实化，很重要。

（3）建议用台湾地区的导演。

【播出建议】：

（1）中央电视台，用15秒（剪辑脚本另作）。

（2）地方台，用足30秒。

（3）投放时机：针对非解渴饮料的中秋、春节两大“水头”，进行旺季前造势。

（4）投放准备：广告播出前，针对××省样板市场，发起经销商动员大会。

（将在××省投播广告，通过策划，炒作做成当地的新闻事件。）

五、价格：与经销商的利益博弈，与消费者的心理博弈

价盘，静态的驱动力；价位，与价值的促销主题互动，形成动态的销售驱动力。

（1）价位：必须定在非解渴饮料的中偏高的位置。礼盒定价，以

特仑苏为参照系；整箱产品定价，以红牛为参照系。在模范市场的样板终端，展开围绕价格与价值关系的主题促销。

（2）价盘：由于产品的品类属于非解渴饮料，经销商无法覆盖所有的网点，因此在价格体系（即价盘）的设计上，应该考虑分销商、二批商的利润空间。

一个沙盘推演正确的战略，必须通过区域市场的试销来予以验证。

围绕着价盘，展开季节性的，针对经销商的供货会专题促销、推广说明会及表彰会！

以上关于5个原点问题的思考，属于战略动销驱动力的顶层设计。

战略的实行，必须有与之配套的运营规划。**一个沙盘推演正确的战略，必须通过区域市场的试销来予以验证。**

为此，我们将以××省为试验区域，进行战略的实战检验。在此也感谢我们多年的合作伙伴杨西宜老师对样板市场方案制定的积极参与。

南方黑芝麻乳《201×—201×年度××省样板市场营销方案》

根据动销的原点问题，我们要建立起与之相对应的运营体系，这样的战略规划，才有落地操作的可能。

针对运营的三个核心问题，我们做了详细的计划。

一、运营模式规划

【要点】：

（1）采用厂家营销人员助销、经销商特约经销制的商业模式。

（2）根据产品渠道竞争特点，以县级经销商为渠道启动原点。

（3）根据产品终端竞争特点，以箱货（整箱销售）为主要零售单元、以地堆为主要的陈列模式。

（一）销售任务

（1）销售年度：从201×年×月—201×年×月。

（2）销售目标：××亿元，具体如表11-2所示。

表11-2 销售目标

产品品项	规格	单价（元/箱）	销售量（件）	销售金额（万元）	比例
20罐装	250ml×20罐	××	××	××××××	××%
12罐装	250ml×12罐（1×2提）	××	××	×××××××	××%
8罐装	250ml×8罐（1×6提）	××	××	××××××	××%
合计			××	××××	×××%

(3) ××省销售任务区域分解及人员配备规划表，具体如表11－3所示。

表11－3　××省销售任务区域分解及人员配备规划表

区域	城市	销售目标	业务人员总数	专导合计	活动促销合计
××区域	××、××等	×××	××	××	××
合计		××××	××	×××	××

(4) ××省销售任务月度分解，具体如表11－4所示。

表11－4　××省销售任务月度分解

区域	7月	8月	9月	10月	11月	12月	1月	2月	3月	4月	5月	6月	合计
××	××	×	×	×	×	×	×	××	×	×	×	×	×××
合计	×××	×××	×××	××	××	×××	×××	×××	×××	×××	×××	××	××××

(二) ××省销售区域组织建设

××省从×月×日起从原××大区独立成立省级办事处，成立特区，作为样板市场，由南方饮料事业部直接领导，由顾问指导运作。

1. 组织架构

具体如图11－1所示。

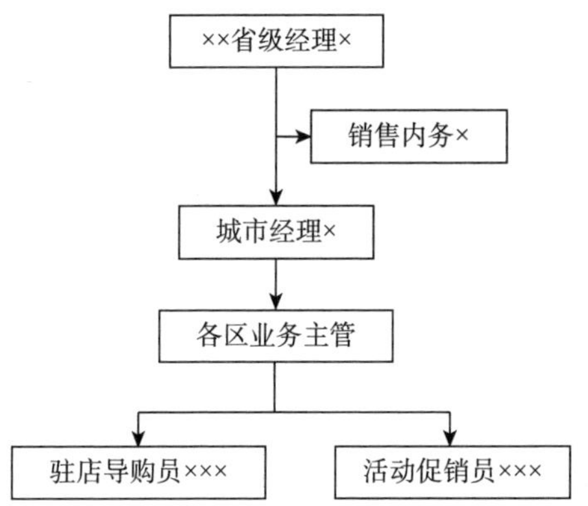

图11－1　××省销售区域组织架构图

2. 销售区域人员配置

（1）业务人员配置：××名。

将××省分为5个销售区域：××区域、××区域、××区域、××区域、××区域。在××设一个省级办事处，设样板省区经理×名，销售内务×名，城市经理5名，KA主管×名，各业务主管×××名。

（2）专职驻店导购：×××人。

（3）活动促销员：×××人。

3. 业务人员配置表

具体如表11－5所示。

表11－5　业务人员配置表

部门	人员配置	岗位	人员名单	备注
省办处事（×人）	×	省级经理		主持××省营销工作
	×	销售内务		协助发货、人员管理、数据、信息、签呈、费用处理
××区域（×人）	×	城市经理		负责××市区域的营销工作
	×	KA主管		负责××、××、××等KA大卖场
	×	市内南区主管		负责建设路、西大街、东大街以南区域
	×	市内北区主管		负责建设路、西大街、东大街以北区域
	×	××主管		××
	×	××主管		××、××
	×	××主管		××
	×	××主管		××、××
	×	××主管		×、××、×××
合计	××			

（三）渠道策略

原则：培育×～××名省级关键客户，重点抓好重要客户和常规客户，发掘扶持潜在的辅助客户。

（1）经销商开发计划，具体如表11－6所示。

表 11-6 经销商开发计划

分类	销售任务（万元）	省级	地级	县级	数量合计	任务量（万元）
关键客户	×××	×			×	××××
重点客户	×××	×	××	×	××	××××
常规客户	×××	×	××	××	××	××××
辅助客户	××	×	××	××	××	×××
合计		×	××	××	××	×××××

（2）掌控可控终端：通常省级经销商可控终端约×××家，地级经销商可控终端约×××家，县级可控终端×××家，应掌控终端为：×××××家。

（3）产品铺市进场。

A. 主渠道

● 大KA卖场连锁超市：沃尔玛、家乐福等，公司统一洽谈进场，××省只负责维护，公司承担进场费用。

● 地方性大KA卖场连锁超市：××、××、×××、×××、×××，由当地经销商洽谈进场。×××可由南方饮料事业部统一洽谈进场，由××省维护，销量计入××省销售任务。公司承担进场费用，经申请批准进场后给予核销。

● B/C店及各类便利店、校园店，由各地经销商洽谈进场，针对连锁商超的可支持部分进场费用，经申请批准进场后给予核销。

B. 辅助渠道

● 车站商超、餐饮、小学、幼儿园校园等特渠由当地经销商洽谈进场，一般不支持相关进场费用。

二、营销节奏规划

【要点】：

（1）市场总体节奏围绕产品的非解渴饮料特点，以中秋、春节为

最大的旺季水头（水头，营销行话，高峰期的意思），一切的资源投入配合这个节奏进行。

因此，在新广告投放前（中秋前）、大旺季来临前（元旦前），举行两次大型的全省经销商、销售团队动员大会，落实货款回收、市场推广等阶段性重要工作。

（2）由于××省不是全新的市场，前期也进行了非常有效的开拓工作，因此地面的工作，按照销量分解计划、客户开发计划、终端铺市计划、推广促销计划和广告公关计划，进行协同作战，运营全省市场。

（一）经销商开发及调整

（1）××省原有经销商不变，加强合作。

（2）县域经销商：于201×年×月底前全部开发完成。

（二）营销队伍到位

（1）原有销售队伍不变，进行升级。

（2）按新区域划分进行补充完善、培训，于201×年×月底完成。

（三）产品进场铺市支持

关键客户、重点客户、常规客户主渠道的进场支持，要求于201×年×月底前全部完成进场铺市工作。

（四）市场推广策略

1. **××省市场推广策略**

××省市场推广策略基于以箱货销售为主的推广策略，具体如表11-7所示。

表11-7　××省市场推广策略

序号	活动内容	活动目的	执行时间	计划费用	执行人	备注
1	县域经销商开发完毕及省地级经销商结构调整完毕	明确关键经销商、重点经销商、常规经销商、辅助经销商，完成重点经销商和常规经销商的开发	××	××万元	各城市经理及各区域业务主管	

续表

序号	活动内容	活动目的	执行时间	计划费用	执行人	备注
2	各区域×××家重点卖场驻店导购进场	各区域重点卖场（×××家）驻店导购进场，实现以点带面的销售推广目的	××	全年总费用控制在××万元以内	各城市经理、KA主管及相应经销商	
3	各区域×××人次开展免费品尝活动	辅助各县级销售区域或重点卖场推广活动，促进产品销售	××	费用控制在×××万元以内	各城市经理及各区域业务主管	
4	中秋、国庆渠道进货促销	促进各级经销商打款进货，备战中秋、国庆两节，及时回款及节日活动安排	××	计划××万元奖励费用	各城市经理及各区域业务主管、各经销商	
5	中秋、国庆×××××家B/C店终端陈列××件送×件（8罐装）促销	×××××家B/C店特陈，进行箱货销售推广，促进B/C店箱货陈列	××	××万元	各城市经理及各区域业务主管、各经销商	
6	中秋、国庆×××家重点卖场特陈、促销	在有驻店导购的卖场开展端架或堆头特价销售	×××	×××万元	各城市经理、KA卖场主管及相应经销商	
7	春节渠道进货促销	促进各级经销商打款进货，备战春节，及时回款及安排春节活动安排	×××	计划×××万元奖励费用	各城市经理及各区域业务主管、各经销商	允许先打款，××××年1月发完货
8	春节×××××家B/C店终端陈列××件送×件（8罐装）促销	×××××家B/C店特陈，进行箱货销售推广，促进B/C店箱货陈列	××	××万元	各城市经理及各区域业务主管、各经销商	
9	春节×××家重点卖场特陈、促销	在有驻店导购的卖场开展端架或堆头特价销售	×××	×××万元	各城市经理、KA卖场主管及相应经销商	

续表

序号	活动内容	活动目的	执行时间	计划费用	执行人	备注
10	201×年“五一”×××××家B/C店终端陈列××件送×件（8罐装）促销	×××××家B/C店特陈，进行箱货销售推广，促进B/C店箱货陈列	××××	×××万元	各城市经理及各区域业务主管、各经销商	
11	201×年“五一”×××家重点卖场特陈、促销	在有驻店导购的卖场开展端架或堆头特价销售	×××	×××万元	各城市经理、KA卖场主管及相应经销商	
12	×××交通台、电视台广播投放计划	逐步实现黑芝麻乳向流通型产品转化，提高销售量	×××	×××万元	事业部、市场部	
13	××、××公交车投放计划	通过××、××提高黑芝麻乳与消费者黏合度，向流通型产品转化	×××	×××万元	事业部、市场部	××、××选择合适公交线路

2. 临时性市场推广活动

由各区域申请，报各城市经理审批，经省级经理批准同意后报请南方饮料事业部相关部门批准后执行。

三、营销管控规划

【要点】：

（1）价位管控的战略意义：价格是交易的基础，应该明确标明零售价，以取得消费者心智中的价格定位。

第一，由于人民币的贬值，人们随机消费的找零单元，已经从一元慢慢过渡到5元，不久的将来，会过渡到10元。因此，5元一罐的价格带，在非解渴饮料的品类中已经形成，我们应该予以坚守。

第二，一切的促销、推广不应该触动价格带，但可以采用赠品、抽奖等其他鼓励消费的形式。

第三，必须把整箱销售、礼盒销售的价格带与特仑苏、六个核桃等以箱货销售为主要零售模式、以地堆展示为主要陈列模式的竞争者，保持贴近的位置，以便消费者迅速做出购买决策。

（2）价盘管控的战略意义：价盘就是中间环节的价格体系，这是产品动销的渠道静态驱动力。

第一，价格差必须略高于，至少不低于非解渴饮料的前三名竞争品牌，否则，我们迈不出第一步。

第二，不是每个总经销商都有实力覆盖所有的网点，因此，我们要为广大的分销商设立一个分销二批的价格。

第三，价盘的设计，要为旺季前的大型订货会及季度、年度的经销商奖励，留下足够的空间。

第四，为未来的控制窜货，未雨绸缪。

（一）产品价格体系

具体如表11－8所示。

表11－8　产品价格体系

系列		南方黑芝麻乳			
编号			C1－c09	C1－c08	C1－c07
产品名称		单罐黑芝麻乳	8罐装黑芝麻乳	12罐装黑芝麻乳	20罐装黑芝麻乳
产品规格		250ml/罐	(250ml×8罐)×6提	(250ml×12罐)×2提	(250ml×20罐)
单位		罐	箱	箱	箱
到岸价（含税价）	元/提	×××	×××	×××	×××
	元/箱	×××	×××	×××	×××
二批价（元/罐、箱）		×××	×××	×××	×××
终端进价（元/罐、箱）		×	×××	×××	××
终端建议零售价（元/罐、提、箱）		×	×××××	××	××××

（二）营销管理费用（执行总部标准，未做专门设计）

（1）工资、绩效考核及福利执行南方饮料事业部标准。

（2）差旅费用标准执行南方饮料事业部标准。

（3）办事处等办公费用标准按行南方饮料事业部标准执行。

（三）市场费用控制

按照样板市场的标准，进行专门规划。

（1）市场费用预算如表 11－9 所示。

表 11－9　市场费用预算

市场费用项目		201×年度	占销售收入比例	备注
客户费用	（1）客户季度奖励	××	×%	
	（2）客户年度奖励	××	×%	
	小计	××	×%	
商业终端费用	（1）进场费用	×	×%	可分两年摊销
	（2）促销费（堆头、端架、特陈、DM、买赠、折让、店庆等）	×	×%	按任务分配费用
	（3）驻店导购工资	×	×%	×人，人均××××元
	（4）专导管理费用	×	×%	约平均×××元/人
	（5）免费品尝活动人员工资	×	×%	×××人，×××元/天，××天/月，开展×个月
	（6）免费品尝活动其他费用	×	×%	物料、场地
	小计	×	×%	
渠道促销费用	（1）招商政策（样品、赠品）	×	×%	便于开发县域经销商
	（2）节点及促销（中秋国庆、春节两档）	×	×%	每档安排×××万元
	小计	×	×	
物料费用	（1）宣传单页、宣传册、导购记录本等	×	×%	
	（2）促销台、品尝杯、器具、围裙、地堆围等	×	×%	
	小计	×	×%	

续表

市场费用项目		201×年度	占销售收入比例	备注
广告宣传费用	地方媒体广告宣传费用	×	×%	地方电视台、交通台、公交车，具体另行制订计划
财务费用	应收款利息	×	×%	
其他费用	不可预见费用	×	×%	
合计		×	×	
201×年销售收入计划		×××××		

注：(1) 不含产品发运物流费用。

(2) ××省广告投入建议在×××万元左右，可列入样板市场考核，与销量挂钩，由总部控制使用。

(四) 费用报支核销

按南方饮料事业部制度规定执行。

以上是从顾问的角度，对××省落实黑芝麻乳饮料品类的战略调整，所做的样板市场试验区营销运营规划。

【方案小结】:

本规划的要点在于:

(1) 以县级市场做为基本经销单元，开发市场。

(2) 以箱货销售、地堆陈列作为基本终端销售模式。

(3) 配以省内地方台空中广告投入，支持地面部队作战。

(4) 由营销顾问协助制定战略、销售计划，亲临一线指导作战，但是不参与公司团队实际指挥；发挥“军事观察家”的监督、纠错、试验新战术及阶段性现场总结等多重作用。

【全案总结】:

为企业产品的动销、畅销目标，理出5个原点问题，形成战略方案；为战略的全面执行，选择样板市场，进行运营规划；通过实践来检验战略的可行性，并且调整完善战略的不足之处，这是我们历来的工作习惯。

南方黑芝麻乳，是南方黑芝麻集团跨入大品类的第一个核心产品，能否取得成功，我们一起交给未来三到五年的市场实践去检验。

后记：动销，营销原点问题的极简美学

——简评非著名营销策划家余晓雷的营销原点论

吴江萍

桂林的天空很干净，因此我们经常可以仰望星空。每次看到宇宙，那么的简洁，那么的美丽，我们觉得这后面一定有一个和谐而简单的规律。这个规律，我们感悟到它就是宇宙美学。

回到纷繁复杂的现实社会，市场与竞争构成了经济活动的主流，这里面一定有市场本身的简约美学，它是什么呢？

我们苦苦思索商品交换的各种场景背后的内在规律，从微观的角度，发现这个问题可以简单地概括为两个字：动销。

对动销问题的思考，企业家一刻也没有停止过。

动销问题的提出，余晓雷老师跟我本人，也远远不是第一人。

然而，将动销问题作为营销策划的首要问题提出来，并且将之分解为5个原点问题，形成一个如何去思考“战略”问题、解决营销“运营”问题的理论体系，放眼国内，也只有本书是当之无愧的第一部专著。

在这几十个湿热的南方夏夜，我们奋笔疾书，将20多年参与市场营销实践的所见所闻与所思，用不到一个月的时间呈现出来，就是希望绝大多数还在苦苦思考同样问题的企业家朋友，在思路上能够有所借鉴，在方法与工具上，能够有所借助。期间涉及一些企业、一些案例，我们无心进行褒贬臧否，如果听者与读者有不一样的思考，无论如何，都是您正常的表现与正当的权益，如果发觉我们有不当之处，也请多多指出，我们将不胜感激。

前不久，马云说，我们的时代已经从“IT（Information Technology）的时代，进入了DT（Data Technology）的时代”，然而对于我们的研究来说，大数据能解决的是提高了信息处理与规律发现的效率，它给我们的便捷之处是，我们去发现一个“认知”，将“认知”对应一个“需求”的时候，效率更高了，主观干扰的可能性更小了。因此，我们培育品类、打造品牌、制定价格营销决策的科学性大大提高了。但是，无论技术如何改变，只要“营销是为消费者服务的”这一目的没有变，营销的原点问题就始终没有变！

牛顿的万有引力定律、霍金的《时间简史》，虽然还远远没有揭示宇宙的终极规律，但是他们已经为我们感受宇宙的美，提供了一副洞察星空迷雾的思维望远镜。

通过我们对动销原点问题的研究，一切变得更加简约了，这真是一件美妙的事。

在此，我们也把我们20多年来从心理学、创业学角度，研究与思考市场竞争战略问题的模型，用脑图（如图1所示）表现出来，希望

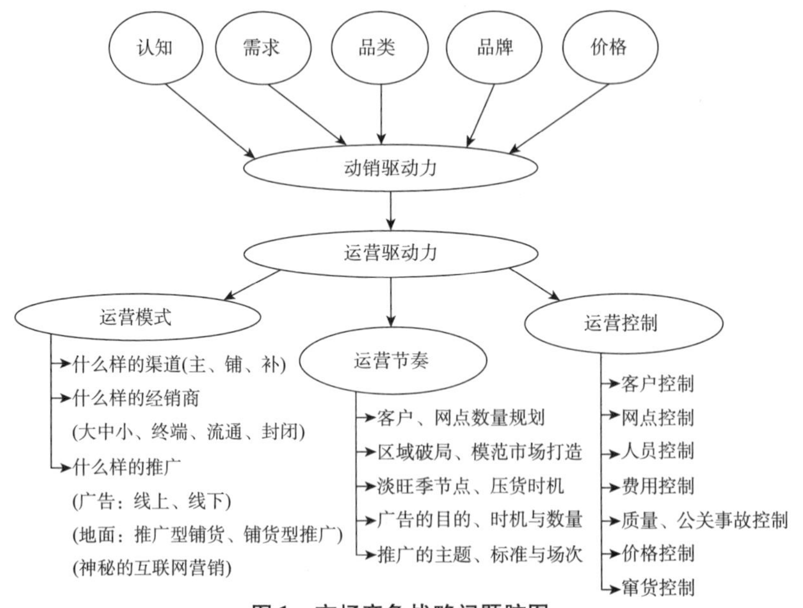

图1　市场竞争战略问题脑图

这张简单的脑图所蕴含的如宇宙般的市场竞争运营之美，在您制定产品畅销战略的时候，能够为您展示一幅简约的竞争取胜画卷。

产品动销了，畅销的感觉真好！

2014 年 7 月 29 日
于桂林榕湖

桂林的天空很干净，因此我们经常可以仰望星空。每次看到宇宙，那么的简洁，那么的美丽，我们觉得这后面一定有一个和谐而简单的规理。这个规理，我们感悟到它就是宇宙美学。

BRACE 北京博瑞森图书 图书导读

为了帮助读者更快、更方便地找到自己需要的书，让书发挥最大价值，我们精心制作了这份导读，希望对大家有所帮助！

博瑞森的书，最适合谁来读？

经营者（老板、总经理、董事长、企业家、合伙人、厂长等）和**管理者**（企业高层、中层和部分基层管理者）以及企业的**骨干员工**（思考如何为企业创造更大的价值），你就是我们的读者，共同的战友！

因为我们相信，你就是影响企业发展大局的关键人物，影响你，帮助你，和你共同学习成长，就是和中国企业一起成长！

博瑞森的书，最大特点？

我们坚持"企业阅读，本土实践"的出版理念，要对企业实践产生实实在在的作用。

"本土"——理论和思想可以来自古今中外，但一定要适应本土；

"实战"——作者都是从企业、市场中摸爬滚打出来的，实战性是渗到骨子里的；

博瑞森的书，怎样"读"，作用好？

免费电子版，手机随时"读"

我们**90%**的书都提供**免费**的**全文电子版**，下载到手机（或 Pad、电脑）里，让惜时如金的你，获得最大程度的阅读自由！

操作方法：回复图书编号（图书定价左侧提示框内的 4 位数字）和你的邮箱地址到手机 13611149991，2 个工作日内即可在邮箱收到图书的全文电子版。

QQ 群，读者间讨论着"读"

加入"**博瑞森读者群（**202230847、190415943**）**"的 QQ 讨论群，你的困惑、感受和读者、作者随时深入讨论！

操作方法：入群口令为"图书名称＋手机号"。提个醒，群里有事说事，别乱发广告、搞笑段子，会被踢的。

微信、书摘邮件，天天点滴"读"

"书太厚，不容易读"——我们通过微信公号（bookgood2005）和你的个人邮箱，提供精品书摘，便于精华快速地吸收。

操作方法:扫一扫 

分类导读图＋书目

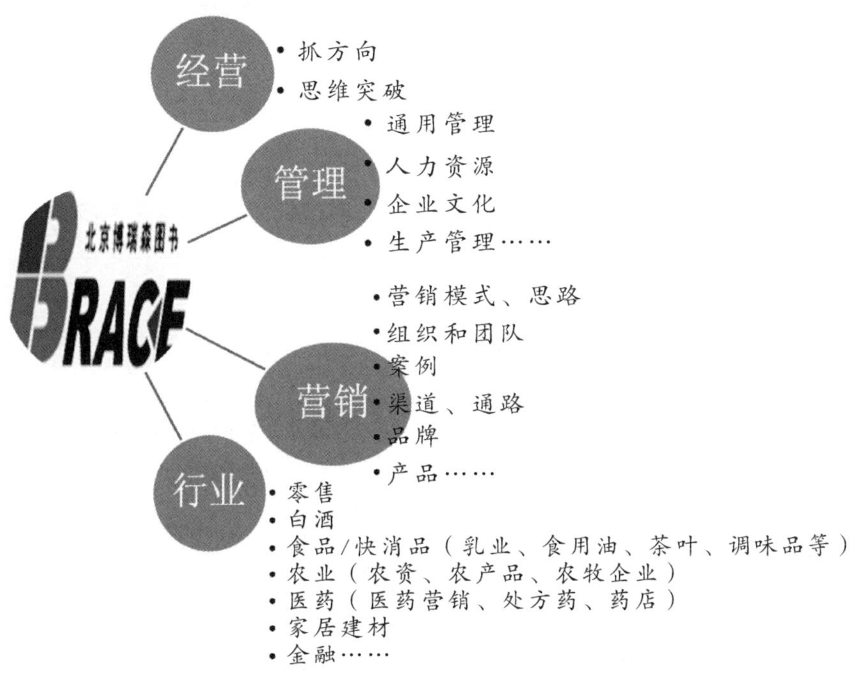

更多实战好书,请关注 **"博瑞森图书直营店"(淘宝网)**

行业类：零售、白酒、食品/快消品、农业、医药、建材家居

	书名．作者	内容/特色	读者价值
零售·餐饮	涨价也能卖到翻 村松达夫 【日】	提升客单价的15种实用、有效的方法	日本企业在这方面非常值得学习和借鉴
	1. 总部有多强大，门店就能走多远 2. 超市卖场定价策略与品类管理 3. 连锁零售企业招聘与培训破解之道 4. 中国首家未来超市：解密安徽乐城 IBMG国际商业管理集团 著	国内外标杆企业的经验＋本土实践量化数据＋操作步骤、方法	通俗易懂，行业经验丰富，宝贵的行业量化数据，关键思路和步骤
	零售：把客流变成购买力 丁 昀 著	如何通过不断升级产品和体验式服务来经营客流	如何进行体验营销，国外的好经营，这方面有启发
	餐饮企业经营策略第一书 吴 坚 著	分别从产品、顾客、市场、盈利模式等几个方面，对现阶段餐饮企业的发展提出策略和思路	第一本专业的、高端的餐饮企业经营指导书
白酒	变局下的白酒企业重构 杨永华 郭 旭 著	帮助白酒企业从产业视角看清趋势，找准位置，实现弯道超车的书	行业内企业要减少90%，自己在什么位置，怎么做，都清楚了
	1. 白酒营销的第一本书 2. 白酒经销商的第一本书 唐江华 著	华泽集团湖南开口笑公司品牌部长，擅长酒类新品推广、新市场拓展	扎根一线，实战
	区域型白酒企业营销必胜法则 朱志明 著	为区域型白酒企业提供35条必胜法则，在竞争中赢销的葵花宝典	丰富的一线经验和深厚积累，实操实用
快消品·食品	乳业营销第一书 侯军伟 著	对区域乳品企业生存发展关键性问题的梳理	唯一的区域乳业营销书，区域乳品企业一定要看
	食用油营销第一书 余 盛 著	10多年油脂企业工作经验，从行业到具体实操	食用油行业第一书，当之无愧
	中国茶叶营销第一书 柏 龑 著	如何跳出茶行业“大文化小产业”的困境，作者给出了自己的观察和思考	不是传统做茶的思路，而是现在商业做茶的思路
	变局下的快消品营销实战策略 杨永华 著	通胀了，成本增加，如何从被动应战变成主动的“系统战”	作者对快消品行业非常熟悉、非常实战
	调味品营销第一书 陈小龙 著	国内唯一一本调味品营销的书	唯一的调味品营销的书，调味品的从业者一定要看
	快消品营销：一位销售经理的工作心得2 蒋 军 著	快消品、食品饮料营销的经验之谈，重点突出	来源于实战的精华总结
	快消品营销与渠道管理 谭长春 著	将快消品标杆企业渠道管理的经验和方法分享出来	可口可乐、华润的一些具体的渠道管理经验，实战
	成为优秀的快消品区域经理 伯建新 著	37个“怎么办”分析区域经理的工作关键点	可以作为区域经理的‘速成催化器’
	销售轨迹：一位快消品营销总监的拼搏之路 秦国伟 著	本书讲述了一个普通销售员打拼成为跨国企业营销总监的真实奋斗历程	激励人心，给广大销售员以力量和鼓舞
农业	农资营销实战全指导 张 博 著	农资如何向“深度营销”转型，从理论到实践进行系统剖析，经验资深	朴实、使用！不可多得的农资营销实战指导
	农产品营销第一书 胡浪球 著	从农业企业战略到市场开拓、营销、品牌、模式等	来源于实践中的思考，有启发
	变局下的农牧企业9大成长策略 彭志雄 著	食品安全、纵向延伸、横向联合、品牌建设……	唯一的农牧企业经营实操的书，农牧企业一定要看
医药	新医改下医药营销与团队管理 史立臣 著	探讨新医改对医药行业的系列影响和医药团队管理	帮助理清思路，有一个框架
	医药营销与处方药学术推广 马宝琳 著	如何用医学策划把“平民产品”变成“明星产品”	有真货、讲真话的作者，堪称处方药营销的经典！
	新医改了，药店就要这样开 尚 锋 著	药店经营、管理、营销全攻略	有很强的实战性和可操作性
	OTC医药代表药店开发与维护 鄢圣安 著	要做到一名专业的医药代表，需要做什么、准备什么、知识储备、操作技巧等	医药代表药店拜访的指导手册，手把手教你快速上手

续表

建材家居	**建材家居营销实务** 程绍珊　杨鸿贵　主编	价值营销运用到建材家居，每一步都让客户增值	有自己的系统、实战
	建材家居门店销量提升 贾同领　著	店面选址、广告投放、推广助销、空间布局、生动展示、店面运营等	门店销量提升是一个系统工程，非常系统、实战
	10步成为最棒的建材家居门店店长 徐伟泽　著	实际方法易学易用，让员工能够迅速成长，成为独当一面的好店长	只要坚持这样干，一定能成为好店长
	手把手帮建材家居导购业绩倍增：成为顶尖的门店店员 熊亚柱　著	生动的表现形式，让普通人也能成为优秀的导购员，让门店业绩长红	读着有趣，用着简单，一本在手、业绩无忧
工业品	**解决方案营销实战案例** 刘祖轲　著	用10个真案例讲明白什么是工业品的解决方案式营销，实战、实用	有干货、真正操作过的才能写得出来
	变局下的工业品企业7大机遇 叶敦明　著	产业链条的整合机会、盈利模式的复制机会、营销红利的机会、工业服务商转型机会……	工业品企业还可以这样做，思维大突破
	工业品市场部实战全指导 杜　忠　著	工业品市场部经理工作内容全指导	系统、全面、有理论、有方法，帮助工业品市场部经理更快提升专业能力
金融	**交易心理分析** (美)马克·道格拉斯　著 刘真如　译	作者一语道破赢家的思考方式，并提供了具体的训练方法	不论你是初入股市的新手，或是股票买卖的老手，如果你想在股市中持续一贯地获利，你都应该读一读这本关于股票交易心理学的书，它会让你超脱输家轮回、晋身市场赢家
	精品银行管理之道 崔海鹏　何屹　主编	中小银行转型的实战经验总结	中小银行的教材很多，实战类的书很少，可以看看
	支付战争 Eric M. Jackson 著 徐　彬　王　晓　译	paypal 创业期营销官根据自己的亲身经历，讲述 paypal 从诞生到壮大到成功出售的整个历史过程	激烈、有趣的内幕商战故事！了解美国支付市场的风云巨变
服装	**赚不赚钱靠店长：从懂管理到会经营** 孙彩军　著	通过生动的案例来进行剖析，注重门店管理细节方面的能力提升	帮助终端门店店长在管理门店的过程中实现经营思路的拓展与突破

经营类：企业如何赚钱，如何抓机会，如何突破，如何“开源”

	书名．作者	内容/特色	读者价值
抓方向	**让经营回归简单．升级版** 宋新宇　著	化繁为简抓住经营本质：战略、客户、产品、员工、成长	经典，做企业就这几个关键点！
	公司由小到大要过哪些坎 卢　强　著	老板手里的一张“企业成长路线图”	现在我在哪儿，未来还要走哪些路，都清楚了
	企业二次创业成功路线图 夏惊鸣　著	企业曾经抓住机会成功了，但下一步该怎么办？	企业怎样获得第二次成功，心里有个大框架了
	老板经理人双赢之道 陈　明　著	经理人怎养选平台、怎么开局，老板怎样选/育/用/留	老板生闷气，经理人牢骚大，这次知道该怎么办了
	企业文化的逻辑 王祥伍　黄健江　著	为什么企业绩效如此不同，解开绩效背后的文化密码	少有的深刻，有品质，读起来很流畅
	使命驱动企业成长 高可为　著	钱能让一个人今天努力，使命能让一群人长期努力	对于想做事业的人，‘使命’是绕不过去的
	从老板驱动到组织驱动：一位咨询师的企业管理变革实录 金国华　著	第一次详尽阐释中国快速成长型企业的特点、问题及解决之道	帮助快速成长型企业领导及管理团队理清思路，突破瓶颈
思维突破	**跳出同质思维，从跟随到领先** 郭　剑　著	66个精彩案例剖析，帮助老板突破行业长期思维惯性	做企业竟然有这么多玩法，开眼界
	7个转变，让公司3年胜出 李　蓓　著	消费者主权时代，企业该怎么办	这就是互联网思维，老板有能这样想，肯定倒不了
	麻烦就是需求　难题就是商机 卢根鑫　著	如何借助客户的眼睛发现商机	什么是真商机，怎么判断、怎么抓，有借鉴
	重生战略：移动互联网和大数据时代的转型法则 沈　拓　著	在移动互联网和大数据时代，传统企业转型如同生命体打碎与再造，称之为“重生战略”	帮助企业认清移动互联网环境下的变化和应对之道
	互联网思维下的企业战略转型 李　蓓　著	本书阐述了传统企业在互联网思维下的战略转型之路：重新定义产品——重新寻找客户——重新发现价值	利用互联网思维结合自己已有的竞争优势，你也可以创建一个有着无限成长空间的新企业

续表

管理类:效率如何提升,如何实现经营目标,如何“节流”			
	书名.作者	内容/特色	读者价值
通用管理	1. 让管理回归简单.升级版 2. 让经营回归简单.升级版 3. 让用人回归简单 宋新宇 著	宋博士的“简单”三部曲,影响20万读者,非常经典	被读者热情地称作“中小企业的管理圣经”
	边干边学做老板 黄中强 著	创业20多年的老板,有经验、能写、又愿意分享,这样的书很少	处处共鸣,帮助中小企业老板少走弯路
	阿米巴经营的中国模式 李志华 著	让员工从“要我干”到“我要干”,价值量化出来	阿米巴在企业如何落地,明白思路了
	欧博心法:好管理靠修行 曾 伟 著	用佛家的智慧,深刻剖析管理问题,见解独到	如果真的有‘中国式管理’,曾老师是其中标志性人物
	1. 用流程解放管理者 2. 用流程解放管理者2 张国祥 著	中小企业阅读的流程管理、企业规范化的书	通俗易懂,理论和实践的结合恰到好
	跟我们学建流程体系 陈立云 著	畅销书《跟我们学做流程管理》系列,更实操,更细致,更深入	更多地分享实践,分享感悟,分享从实践总结出来的方法论
人力资源	回归本源看绩效 孙 波 著	让绩效回顾“改进工具”的本源,真正为企业所用	确实是来源于实践的思考,有共鸣
	曹子祥教你做绩效管理 曹子祥 著	复杂的理论通俗化,专业的知识简单化,企业绩效管理共性问题的解决方案	轻松掌握绩效管理
	把招聘做到极致 远 鸣 著	作为世界500强高级招聘经理,作者数十年招聘经验的总结分享	带来职场思考境界的提升和具体招聘方法的学习
	走出薪酬管理误区 全怀周 著	剖析薪酬管理的8大误区,真正发挥好枢纽作用	值得企业深读的实用教案
	集团化人力资源管理实践 李小勇 著	对搭建集团化的企业很有帮助,务实,实用	最大的亮点不是理论,而是结合实际的深入剖析
	人才评价中心.超级漫画版 邢 雷 著	专业的主题,漫画的形式,只此一本	没想到一本专业的书,能写成这效果
	我的人力资源咨询笔记 张 伟 著	管理咨询师的视角,思考企业的HR管理	通过咨询师的眼睛对比很多企业,有启发
	本土化人力资源管理8大思维 周 剑 著	成熟HR理论,在本土中小企业实践中的探索和思考	对企业的现实困境有真切体会,有启发
企业文化	华夏基石方法:企业文化落地本土实践 王祥伍 谭俊峰 著	十年积累、原创方法、一线资料,和盘托出	在文化落地方面真正有洞察,有实操价值的书
	企业文化的逻辑 王祥伍 著	为什么企业之间如此不同,解开绩效背后的文化密码	少有的深刻,有品质,读起来很流畅
	企业文化激活沟通 宋杼宸 安琪 著	透过新任HR总经理的眼睛,揭示出沟通与企业文化的关系	有实际指导作用的文化落地读本
生产管理	高员工流失率下的精益生产 余伟辉 著	中国的精益生产必须面对和解决高员工流失率问题	确实来源于本土的工厂车间,很务实
	车间人员管理那些事儿 岑立聪 著	车间人员管理中处理各种“疑难杂症”的经验和方法	基层车间管理者最闹心、头疼的事,‘打包’解决
	1. 欧博心法:好管理靠修行 2. 欧博心法:好工厂这样管 曾 伟 著	他是本土最大的制造业管理咨询机构创始人,他从400多个项目、上万家企业实践中锤炼出的欧博心法	中小制造型企业,一定会有很强的共鸣

续表

生产管理	欧博工厂案例1:生产计划管控对话录 欧博工厂案例2:品质技术改善对话录 欧博工厂案例3:员工执行力提升对话录 曾 伟 著	最典型的问题、最详尽的解析,工厂管理9大问题27个经典案例	没想到说得这么细,超出想象,案例很典型,照搬都可以了
员工素质提升	跟老板"偷师"学创业 吴江萍 余晓雷 著	边学边干,边观察边成长,你也可以当老板	不同于其他类型的创业书,让你在工作中积累创业经验,一举成功
	销售轨迹:一位快消品营销总监的拼搏之路 秦国伟 著	本书讲述了一个普通销售员打拼成为跨国企业营销总监的真实奋斗历程	激励人心,给广大销售员以力量和鼓舞
	在组织中绽放自我:从专业化到职业化 朱仁健 王祥伍 著	个人如何融入组织,组织如何助力个人成长	帮助企业员工快速认同并投入到组织中去,为企业发展贡献力量
	企业员工弟子规:用心做小事,成就大事业 贾同领 著	从传统文化《弟子规》中学习企业中为人处事的办法,从自身做起	点滴小事,修养自身,从自身的改善得到事业的提升

营销类:把客户需求融入企业各环节,提供"客户认为"有价值的东西

	书名. 作者	内容/特色	读者价值
营销模式	变局下的营销模式升级 程绍珊 叶宁 著	客户驱动模式、技术驱动模式、资源驱动模式	很多行业的营销模式被颠覆,调整的思路有了!
	卖轮子 科克斯 【美】	小说版的营销学!营销核心理念巧妙贯穿其中,贵在既有趣,又有深度	经典、有趣!一个故事读懂营销精髓
	弱势品牌如何做营销 李政权 著	中小企业虽有品牌但没名气,营销照样能做的有声有色	没有丰富的实操经验,写不出这么具体、详实的案例和步骤,很有启发
	老板如何管营销 史贤龙 著	不要认为营销就是4个P、C、R的概念游戏,揭开营销智慧助力企业成功的内在奥秘	高段位营销16招,好学好用,老板能看,营销人也能看
	动销:产品是如何畅销起来的 吴江萍 余晓雷 著	真真切切告诉你,产品究竟怎么才能卖出去!突破产品滞销困局的实战宝典	击中痛点,提供方法,你值得拥有
组织和团队	升级你的营销组织 程绍珊 吴越舟 著	用"有机性"的营销组织力替代"营销能人",把营销团队变成"铁营盘"	营销队伍最难管,程老师不愧是营销第1操盘手,步骤、方法都很成熟
	用数字解放营销人 黄润霖 著	通过量化帮助营销人员提高工作效率	作者很用心,很好的常备工具书
	成为优秀的快消品区域经理 伯建新 著	37个"怎么办"分析区域经理的工作关键点	可以作为区域经理的'速成催化器'
	一位销售经理的工作心得 蒋 军 著	一线营销管理人员想提升业绩却无从下手时,可以看看这本书	一线的真实感悟
	快消品营销:一位销售经理的工作心得2 蒋 军 著	快消品、食品饮料营销的经验之谈,重点突出	来源于实战的精华总结
	销售轨迹:一位快消品营销总监的拼搏之路 秦国伟 著	本书讲述了一个普通销售员打拼成为跨国企业营销总监的真实奋斗历程	激励人心,给广大销售员以力量和鼓舞
案例	解决方案营销实战案例 刘祖轲 著	用10个真案例讲明白什么是工业品的解决方案式营销,实战、实用	有干货、真正操作过的才能写得出来
	我们的营销真案例 联纵智达研究院 著	五芳斋粽子从区域到全国/诺贝尔瓷砖门店销量提升/利豪家具出口转内销/汤臣倍健的营销模式/娃哈哈联销体	选择的案例都很有代表性,实在、实操!
	招招见销量的营销常识 刘文新 著	如何让每一个营销动作都直指销量	适合中小企业,看了就能用

续表

案例	**中国首家未来超市：解密安徽乐城** IBMG 国际商业管理集团　著	零售企业的未来在哪里？本书深入挖掘了安徽乐城超市的试验案例，为零售企业未来的发展提供了一条可借鉴之路	通俗易懂，行业经验丰富，宝贵的行业量化数据，关键思路和步骤
产品	**产品炼金术Ⅰ：如何打造畅销产品** 史贤龙　著	满足不同阶段、不同体量、不同行业企业对产品的完整需求	必须具备的思维和方法，避免在产品问题上走弯路
	产品炼金术Ⅱ：如何用产品驱动企业成长 史贤龙　著	做好产品、关注产品的品质，就是企业成功的第一步	必须具备的思维和方法，避免在产品问题上走弯路
	新产品开发管理，就用 IPD 郭富才　著	10 年 IPD 研发管理咨询总结，国内首部 IPD 专业著作	一本书掌握 IPD 管理精髓
品牌	**中小企业如何建品牌** 梁小平　著	中小企业建品牌的入门读本，通俗、易懂	对建品牌有了一个整体框架
	采纳方法：破解本土营销 8 大难题 朱玉童　编著	全面、系统、案例丰富、图文并茂	希望在品牌营销方面有所突破的人，应该看看
渠道通路	**快消品营销与渠道管理** 谭长春　著	将快消品标杆企业渠道管理的经验和方法分享出来	可口可乐、华润的一些具体的渠道管理经验，实战
	传统行业如何用网络拿订单 张　进　著	给老板看的第一本网络营销书	适合不懂网络技术的经营决策者看
	采纳方法：化解渠道冲突 朱玉童　编著	系统剖析渠道冲突，21 个最新的渠道冲突案例、情景式讲解，37 篇专题讲义	系统、全面
	学话术 卖产品 张小虎　著	分析常见的顾客异议，提出破解方案，将复杂的销售程序化，将优秀的话术模块化	让普通导购员也能成为销售精英